Conjugaison
en poche

Édition assurée par

Daniel BERLION
Inspecteur d'académie

hachette
ÉDUCATION

Conception graphique

Couverture : Karine NAYÉ

Intérieur : Audrey IZERN

Composition et mise en page :

© HACHETTE LIVRE 2012, 43, quai de Grenelle, 75905 PARIS Cedex 15.
ISBN 978-2-01-160864-2

SOMMAIRE

3

AVANT-PROPOS

Avec **Conjugaison en poche**, nous vous proposons un outil complet et pratique, qui vous donne dans toute situation d'expression écrite ou orale, les réponses à vos questions sur la façon de conjuguer et d'accorder les verbes.

■ **Les fiches 1 à 18** (pages 6 à 19) rappellent les règles et les principes de base de la grammaire du verbe et de la conjugaison. Vous pouvez les lire en introduction aux tableaux pour repérer les principales difficultés de la conjugaison et éviter ses pièges, ou vous y reporter ponctuellement pour trouver une aide sur une question précise.

■ **Les 83 tableaux de conjugaison types** (pages 22 à 104) constituent les modèles auxquels peuvent être rattachés tous les verbes du français, chaque modèle présentant les mêmes variations du radical et les mêmes terminaisons. Le tableau donne la conjugaison complète du verbe à tous les temps et tous les modes, avec un repérage couleur des difficultés particulières.

■ **L'index de plus de 6 000 verbes** (pages 105 à 160) vous indique le numéro du modèle de conjugaison type de chaque verbe.

Nous espérons que cet ouvrage vous permettra de progresser, de gagner en confiance et d'améliorer, au quotidien, votre expression écrite ou orale.

Daniel BERLION

1. LE VERBE

Le verbe est **l'élément essentiel de la phrase** : il indique une action, un état, une intention.

L'INFINITIF

Lorsqu'ils ne sont pas conjugués, les verbes se présentent sous une forme neutre : **l'infinitif**.

parler – jouer – finir – faire – croire – pouvoir – prendre

LE RADICAL ET LA TERMINAISON D'UN VERBE

- Un verbe se compose d'un **radical** et d'une **terminaison** (ou désinence).

cherch-er	nous cherch-ons
radical terminaison	radical terminaison
réfléch-ir	tu réfléch-issais
radical terminaison	radical terminaison

- Pour certains verbes, le radical reste **le même** pour toutes les formes verbales.

je ris – nous riions – ils riront – il faut qu'elle rie – ris – j'ai ri

- Pour d'autres verbes, le radical peut **varier** d'une forme verbale à l'autre.

je vais – nous allons – elle ira – il faut que tu ailles

LES TROIS GROUPES DE VERBES

- **Le 1ᵉʳ groupe** : tous les verbes (sauf *aller*) dont l'infinitif se termine par *-er*.

chercher – trouver – parler – appeler...

- **Le 2ᵉ groupe** : les verbes dont l'infinitif se termine par *-ir*, et qui intercalent l'élément *-ss-* entre le radical et la terminaison, pour certaines formes conjuguées.

réunir (réunissant – nous réunissons) – agir (agissant – elle agissait)...

- **Le 3ᵉ groupe** : tous les autres verbes.

perdre – battre – apparaître – revoir – courir (on ne dit pas « nous courissons »)...

L'ACCORD DU VERBE

Le verbe s'accorde en personne et en nombre avec son sujet qu'on trouve en posant la question « Qui est-ce qui ? » (ou « Qu'est-ce qui ? ») devant le verbe.

Les spectateurs quittent la salle.

Qui est-ce qui quitte ?   les spectateurs → 3ᵉ pers. du pluriel

Dans le groupe nominal sujet, il faut toujours chercher **le nom** qui commande l'accord.

Les spectateurs du premier rang quittent la salle.

Qui est-ce qui quitte ?   les spectateurs (du premier rang) → 3ᵉ pers. du pluriel

2. LES FORMES VERBALES

Les formes verbales varient selon les **personnes**, les **modes**, les **temps**.

LES PERSONNES

• Il y a trois personnes du singulier et trois personnes du pluriel.

    je – tu – il / elle / on   nous – vous – ils / elles

• La terminaison de la deuxième personne du singulier, pour tous les verbes, pour tous les temps, est « *s* ».

Exceptions :

– Les verbes *vouloir, pouvoir, valoir* au présent de l'indicatif.

    vouloir : tu veux   pouvoir : tu peux   valoir : tu vaux

– Le présent de l'impératif pour tous les verbes du 1er groupe et quelques verbes du 3e groupe (*ouvrir, offrir, souffrir, cueillir*).

    Marche plus vite.   Respire lentement.   Ouvre la porte.   Offre-lui des fleurs.

LES MODES

• **L'indicatif** : action dans sa réalité. (voir pp. 8 à 10)

    Il lit ce roman.   Il lisait ce roman.

• **L'impératif** : action sous la forme d'un ordre, d'un conseil, d'une recommandation. (voir p. 16)

    Lis ce roman !   Lisez ce roman !

• **Le subjonctif** : action envisagée ou hypothétique. (voir p. 15)

    Il faut qu'il lise ce roman.

• **Le conditionnel** : action éventuelle qui dépend d'une condition. (voir p. 14)

    S'il en avait le temps, il lirait ce roman.

LES TEMPS

• **Les temps** permettent de se situer sur un axe temporel : **passé, présent, futur**.

    hier → je marchais   aujourd'hui → je marche   demain → je marcherai

• **Les temps simples** : formés sans auxiliaire.

    je cherche – nous cherchions – elles chercheront

• **Les temps composés** : formés à l'aide d'un auxiliaire (*avoir* ou *être*) qui prend les marques du mode et du temps, suivi du participe passé du verbe conjugué.

    j'ai cherché – nous avions cherché – ils auront cherché

• La **majorité des verbes** se conjuguent avec l'auxiliaire *avoir*.

• Se conjuguent avec l'auxiliaire *être* :

– **Quelques verbes intransitifs.**

    aller, arriver, descendre, naître, mourir, entrer, monter, tomber, retourner, rester, venir, sortir, partir...

– **Les verbes pronominaux.**

    Il s'est mordu la langue.   L'ouvrier s'était protégé avec un casque.

3. LE PRÉSENT DE L'INDICATIF

FORMATION

Les formes du présent varient selon le groupe auquel appartient le verbe.

• **1er groupe** : infinitif en *-er*. (→ Tableaux 3 à 19)
Radical du verbe + *-e, -es, -e, -ons, -ez, -ent*.

> je joue – tu joues – il joue – nous jouons – vous jouez – elles jouent

• **2e groupe** : infinitif en *-ir*. (→ Tableaux 20 et 21)
Radical du verbe + *-s, -s, -t, -ons, -ez, -ent*.
Pour les personnes du pluriel, on intercale l'élément « *-ss-* » entre le radical et la terminaison.

> j'agis – tu agis – il agit – nous agissons – vous agissez – elles agissent

• **3e groupe** : infinitif en *-ir, -oir, -re*.
– Radical du verbe + *-s, -s, -t ,-ons, -ez, -ent*. (→ Tableaux 23, 25 à 28, 32 à 43, 51, 57, 60, 63, 67, 69, 70 à 82)

> je ris – tu ris – il rit – nous rions– vous riez– elles rient

– Radical du verbe + *-s, -s, - , -ons, -ez, -ent*. (→ Tableaux 52 à 56, 58 et 59)

> j'attends – tu attends – il attend – nous attendons – vous attendez – elles attendent

– Radical du verbe + *-x, -x, -t, -ons, -ez, -ent*. (→ Tableaux 44 à 47)

> je peux – tu peux – il peut – nous pouvons – vous pouvez – elles peuvent

– Radical du verbe + *-e, -es, -e, -ons, -ez, -ent*. (→ Tableaux 29, 30, 31)

> j'ouvre – tu ouvres – il ouvre – nous ouvrons – vous ouvrez – elles ouvrent

CAS PARTICULIERS

• Certains verbes (et leurs dérivés) perdent la dernière lettre de leur radical pour les personnes du singulier.

vivre	je vis	tu vis	on vit	(→ Tableau 71)
mettre	je mets	tu mets	il met	(→ Tableau 63)
battre	je bats	tu bats	elle bat	(→ Tableau 62)
dormir	je dors	tu dors	il dort	(→ Tableau 22)
sentir	je sens	tu sens	on sent	(→ Tableau 22)
partir	je pars	tu pars	elle part	(→ Tableau 22)
sortir	je sors	tu sors	il sort	(→ Tableau 22)
mentir	je mens	tu mens	elle ment	(→ Tableau 22)

• Pour les verbes terminés par *-aître* à l'infinitif – ainsi que *plaire* –, on conserve l'accent circonflexe quand le « *i* » du radical est suivi d'un « *t* ».

paraître	je parais	tu parais	il paraît	(→ Tableau 64)

4. L'IMPARFAIT DE L'INDICATIF

FORMATION

• Radical du verbe + *-ais, -ais, -ait, -ions, -iez, -aient*.

    je marchais – il descendait – nous plaisions – ils parlaient

• Mais pour les verbes du 2e groupe, on intercale l'élément « *-ss-* » entre le radical et la terminaison. (→ Tableaux 20 et 21)

    tu réussissais – vous guérissiez

CAS PARTICULIERS

• Pour les verbes du 1er groupe terminés par *-gner, -iller, -ier, -yer* à l'infinitif, ne pas oublier d'ajouter le « *i* » à l'imparfait pour les deux premières personnes du pluriel. (→ Tableaux 3, 4, 16 à 19)

Pour bien faire la distinction, on remplace par une forme du singulier.

    Aujourd'hui, nous skions, nous gagnons. Aujourd'hui, elle skie, elle gagne. → présent
    Hier, nous skiions, nous gagnions. Hier, elle skiait, elle gagnait. → imparfait

• Certains verbes du 3e groupe (*bouillir, cueillir, fuir, voir, asseoir, craindre, peindre, croire, rire*) se conjuguent avec cette même particularité.
(→ Tableaux 24, 30, 33, 37, 40, 54, 55, 67, 77)

    nous riions – vous cueilliez – nous voyions – vous asseyiez (assoyiez) – vous craigniez

5. LE FUTUR SIMPLE

FORMATION

• Généralement, infinitif du verbe + *-ai, -as, -a, -ons, -ez, -ont* (sauf pour certains verbes du 3e groupe qui perdent le « e » de l'infinitif).

    je resterai – tu finiras – elle signera – nous descendrons – ils peindront

• Penser à chercher l'infinitif du verbe pour **ne pas omettre une lettre muette** ou **en placer une superflue**.

    Le ministre conclura son discours.   *conclure* : 3e groupe   → pas de « e »
    Le ministre saluera le Président.   *saluer* : 1er groupe   → présence d'un « e »

CAS PARTICULIERS

• Le verbe *cueillir* se conjugue comme un verbe du 1er groupe. (→ Tableau 30)

    je cueillerai – elle cueillera – nous cueillerons – ils cueilleront

• Certains verbes (*courir, pouvoir, mourir, voir, acquérir, entrevoir...*) doublent le « r » avant la terminaison. (→ Tableaux 25, 26, 28, 37, 44)

    je courrai – tu pourras – elle mourra – nous verrons – vous acquerrez

Mais *pourvoir* et *prévoir* se conjuguent sur un autre radical. (→ Tableaux 38, 39)

    Nous pourvoirons à tous vos besoins.   Tu prévoiras une trousse de secours.

6. LE PASSÉ SIMPLE

FORMATION

• **1ᵉʳ groupe** : infinitif en *-er.* (→ Tableaux 3 à 19)
Radical du verbe + *-ai, -as, -a, -âmes, -âtes, -èrent.*
> je criai – tu crias – elle cria – nous criâmes – vous criâtes – ils crièrent

Le verbe *aller* se conjugue comme un verbe du 1ᵉʳ groupe au passé simple.
• **2ᵉ groupe** : infinitif en *-ir.* (→ Tableaux 20 et 21)
Radical du verbe + *-is, -is, -it, -îmes, -îtes, -irent.*
> j'agis – tu agis – elle agit – nous agîmes – vous agîtes – ils agirent

• **3ᵉ groupe** : infinitif en *-ir, -oir, -re.* (→ Tableaux 22 à 83)
– Radical du verbe + *-is, -is, -it, -îmes, -îtes, -irent.*
> je souris – tu souris – il sourit – nous sourîmes – vous sourîtes – elles sourirent

– Radical du verbe + *-us, -us, -ut, -ûmes, -ûtes, -urent.*
> je courus – tu courus – il courut – nous courûmes – vous courûtes – elles coururent

• À la 3ᵉ personne du singulier, il n'y a jamais d'accent sur la voyelle qui précède le « *t* ».

CAS PARTICULIER

• Attention aux verbes *venir* et *tenir* (et leurs composés). (→ Tableau 27)
> je vins – tu tins – il vint – nous tînmes – vous vîntes – elles tinrent

7. LA FORMATION DU PARTICIPE PASSÉ

RÈGLE GÉNÉRALE

• Tous les participes passés des **verbes du 1ᵉʳ groupe** se terminent par *-é.*
> affirmer : affirmé   rester : resté

• Tous les participes passés des **verbes du 2ᵉ groupe** se terminent par *-i.*
> remplir : rempli   maigrir : maigri

• Les participes passés des **verbes du 3ᵉ groupe** se terminent par *-i* ou *-u.*
> sourire : souri   vendre : vendu

CAS PARTICULIERS

• naître : né, née   devoir : dû, due   plaire : plu
  pouvoir : pu   prévoir : prévu, prévue   vivre : vécu, vécue

• Certains participes passés se terminent toujours par **une lettre muette** « *t* » ou « *s* ».
Chercher le féminin du participe passé permet de trouver cette lettre muette.
> faire : fait (faite)   dire : dit (dite)   asseoir : assis (assise)

8. LE PARTICIPE PASSÉ AVEC *ÊTRE*

ACCORD

• **Il s'accorde en genre et en nombre** avec le nom (ou le pronom) principal du sujet du verbe.

Le local de service est fermé. **Les entrées de secours** sont fermées.

• Lorsque le verbe a **plus d'un sujet**, l'accord se fait au masculin pluriel si au moins un des sujets est masculin.

Le local et l'entrée sont fermés. **L'entrée et la sortie** sont fermées.

GENRE

• Les pronoms personnels des 1re et 2e personnes – singulier et pluriel –, n'indiquent pas le genre. **Seule la personne qui écrit est en mesure de fixer ce genre.**

Je suis parti. → C'est un homme qui parle.

Tu es partie. → On parle à une femme.

• Quand le sujet est le pronom *on*, on peut accorder le participe passé.

On est arrivé à Paris. **On** est arrivés à Paris.

9. LE PARTICIPE PASSÉ DES VERBES PRONOMINAUX

VERBES UNIQUEMENT PRONOMINAUX

• Le participe passé des verbes uniquement pronominaux **s'accorde avec le sujet**.

Ils se sont réfugiés sous l'abribus. **Melissa** s'est absentée un instant.

VERBES OCCASIONNELLEMENT PRONOMINAUX AVEC COD

• Le participe passé des verbes occasionnellement pronominaux **s'accorde avec le complément d'objet direct** (qui peut être un pronom personnel) quand celui-ci est **placé avant le participe passé**. (voir p. 12)

Léa s'est préparée pour sortir. (COD : s' – Léa a préparé elle-même)

Léa s'est préparé des sandwichs. (COD : des sandwichs : pas d'accord)

Voici les sandwichs que Léa s'est préparés. (COD : que – des sandwichs : accord)

VERBES OCCASIONNELLEMENT PRONOMINAUX SANS COD

• Les participes passés des verbes occasionnellement pronominaux qui n'ont jamais de complément d'objet direct sont **invariables**.

Les essais de mise en service se sont succédé, sans résultat.

Ces deux personnes se sont plu immédiatement.

10. LE PARTICIPE PASSÉ AVEC *AVOIR*

ACCORD

• **Il ne s'accorde jamais** avec le sujet du verbe.

> Ce pull a rétréci au lavage.   Ces vestes ont rétréci au lavage.

• Le participe passé **s'accorde avec le complément d'objet direct** (COD) du verbe, seulement **si celui-ci est placé avant le participe passé**.

IDENTIFIER LE COD

• Pour trouver le COD, on pose la question « qui ? » ou « quoi ? » après le verbe.

> Au concert, Grégory a retrouvé **ses amis**.
>
> Grégory a retrouvé qui ? ses amis   COD placé après le verbe → pas d'accord
>
> Ses amis, Grégory **les** a retrouvés au concert.
>
> Grégory a retrouvé qui ? les (mis pour ses amis)   COD placé avant le verbe → accord

• Lorsqu'il est placé devant le participe passé, le COD est le plus souvent un **pronom** qui ne nous renseigne pas toujours sur le genre ou le nombre. Il faut donc **chercher le nom que remplace le pronom** pour bien accorder le participe passé.

> Ces films, nous **les** avons vus.
>
> COD les (mis pour les films) → accord au masculin pluriel
>
> L'émission **que** vous nous avez conseillée passe demain.
>
> COD que (mis pour l'émission) → accord au féminin singulier

• Ne pas confondre le **complément d'objet indirect** (COI), qui peut être placé avant le participe passé, avec un COD.

> Les spectateurs ont applaudi ; la pièce leur a plu.
>
> La pièce a plu à qui ? à leur (mis pour les spectateurs) → COI

CAS PARTICULIERS

• Le participe passé *fait* suivi d'un infinitif est toujours **invariable**.

> Sa moto, Martin l'a fait réparer au garage voisin.

• Même si on peut l'accorder dans certains cas, le participe passé *laissé* suivi d'un infinitif demeure **invariable**.

> Voici les canaris que William a laissé s'envoler.

• Lorsque le COD du verbe est le pronom *en*, le participe passé reste **invariable**.

> J'ai apporté des gâteaux et nous **en** avons mangé.

• Le participe passé des **verbes impersonnels**, ou employés à la forme impersonnelle, reste **invariable**.

> Cette protection, il l'aurait fallu plus étanche.

• Lorsque le pronom neutre *le* est COD, le participe passé est **invariable**.

> Les orages devaient s'arrêter, enfin les agriculteurs l'avaient espéré.

11. LE PARTICIPE PRÉSENT ET L'ADJECTIF VERBAL

• Radical du verbe à la 1re personne du pluriel du présent de l'indicatif + -ant.

cherchant – finissant – ouvrant – prenant – vivant – croyant

CAS PARTICULIER

• Trois verbes ont un participe présent irrégulier :

être : étant   avoir : ayant   savoir : sachant

NE PAS CONFONDRE PARTICIPE PRÉSENT ET ADJECTIF VERBAL

• Pour distinguer **le participe présent**, toujours invariable, de **l'adjectif verbal**, qui s'accorde avec le nom auquel il se rapporte, on remplace le nom masculin par un nom féminin ; oralement, on entend la différence.

Souriant aux spectateurs, les chanteurs entrent en scène. → participe présent
Souriant aux spectateurs, les chanteuses entrent en scène. → participe présent
Les spectateurs ont face à eux des chanteurs souriants. → adjectif verbal
Les spectateurs ont face à eux des chanteuses souriantes. → adjectif verbal

DES ORTHOGRAPHES DIFFÉRENTES

• Parfois, participes présents et adjectifs verbaux ont des orthographes différentes.

participe présent	adjectif verbal
adhérant	adhérent
communiquant	communicant
convainquant	convaincant
convergeant	convergent
différant	différent
équivalant	équivalent
excellant	excellent
fatiguant	fatigant
naviguant	navigant
négligeant	négligent
précédant	précédent
provoquant	provocant
suffoquant	suffocant
vaquant	vacant
violant	violent

12. LE CONDITIONNEL

Le conditionnel a deux temps : le **présent** et le **passé**.

LE PRÉSENT DU CONDITIONNEL

• Radical du futur + terminaisons de l'imparfait (*-ais, -ais, -ait, -ions, -iez, -aient*).
• Pour les verbes du 1er et du 2e groupe, on retrouve donc l'infinitif en entier. Les verbes du 3e groupe, dont la terminaison à l'infinitif est *-e*, perdent cette lettre au présent du conditionnel.

> j'aimerais – tu réussirais – elle comprendrait – nous voterions –
> vous gémiriez – ils viendraient

• Pour les verbes du 1er groupe terminés par *-ouer, -uer, -ier, -éer* à l'infinitif, il ne faut pas oublier de placer le « *e* » dans les formes du présent du conditionnel, même s'il ne s'entend guère.

> jouer : je jouerais   éternuer : tu éternuerais
> copier : elle copierait   créer : ils créeraient

• Pour **distinguer les terminaisons de la 1re personne du singulier du futur simple et celle du présent du conditionnel** qui ont la même prononciation, on remplace la 1re personne du singulier par une autre personne ; on entend alors la différence.

> Je souhaiterai l'anniversaire de mon ami Hervé. (futur)
> → Tu souhaiteras l'anniversaire de ton ami Hervé.
> Je souhaiterais que l'anniversaire d'Hervé soit une grande fête. (conditionnel)
> → Tu souhaiterais que l'anniversaire d'Hervé soit une grande fête.

• En aucun cas, le verbe de la subordonnée introduite par la conjonction *si* ne s'écrit au présent du conditionnel.
La proposition : « *Si* j'achèterais un téléphone portable... » est incorrecte. C'est un barbarisme.
La proposition correcte est : « *Si* j'achetais un téléphone portable, j'adopterais une sonnerie originale. »

LE PASSÉ DU CONDITIONNEL

• Auxiliaire *avoir* ou *être* au présent du conditionnel + participe passé.

> j'aurais trouvé – tu aurais fini – elle serait venue – vous vous seriez couché(e)s

• Si le verbe de la proposition subordonnée, introduite par la conjonction *si*, est au **plus-que-parfait de l'indicatif**, le verbe de la proposition principale est au **passé du conditionnel**.

> Si tu avais vu ce film, tu l'aurais apprécié.
> Si la chèvre de Monsieur Seguin l'avait écouté, elle ne serait pas allée dans la montagne.
> Si j'en avais eu l'occasion, je me serais allongé sous les arbres.

13. LE SUBJONCTIF

- Au présent du subjonctif, tous les verbes (sauf *être* et *avoir*) prennent les mêmes terminaisons (*-e, -es, -e, -ions, -iez, -ent*).
- Le subjonctif se trouve surtout dans les propositions subordonnées introduites par la conjonction *que*.

  Il faut qu'elle traverse   ... que nous dessinions   ... que vous remuiez

- Pour les verbes du 2e groupe, l'élément « *-ss-* » est toujours intercalé entre le radical et la terminaison.

  finir : Il faut que je fini<u>ss</u>e.   réfléchir : Il faut que nous réfléchi<u>ss</u>ions.

CAS PARTICULIERS

- Le radical de certains verbes du 3e groupe est **modifié**.

  aller : ... que j'aille   savoir : ... que tu saches   devoir : ... qu'elle doive
  faire : ... que nous fassions   plaire : ... que vous plaisiez   voir : ... qu'ils voient
  prendre : ... que je prenne   craindre : ... que tu craignes   mourir : ... qu'il meure
  lire : ... que nous lisions   dire : ... que vous disiez   recevoir : ... qu'elle reçoivent

- Pour ne pas confondre les formes homophones des personnes du singulier du présent de l'indicatif et celles du présent du subjonctif de certains verbes du 3e groupe, on remplace par la 1re ou par la 2e personne du pluriel :

  On sait que tu cours les brocantes chaque dimanche.
  → On sait que vous courez les brocantes chaque dimanche.   → indicatif
  On doute que tu coures les brocantes chaque dimanche.
  → On doute que vous couriez les brocantes chaque dimanche.   → subjonctif

- Pour les verbes du 1er groupe terminés par *-gner*, *-iller*, *-ier*, *-yer* à l'infinitif, ne pas oublier d'ajouter le « *i* » au subjonctif.
Pour faire la distinction, on remplace par un verbe du 2e ou du 3e groupe. On entend alors la différence.

  Nous gagnons (perdons) la partie.   → présent de l'indicatif
  Il faut que nous gagnions (perdions) la partie. → présent du subjonctif

QUELQUES LOCUTIONS CONJONCTIVES QUI IMPOSENT LE SUBJONCTIF

à condition que, à moins que, à supposer que, afin que, avant que, bien que, de crainte que, de façon que, de peur que, en admettant que, en attendant que, jusqu'à ce que, non que, pour peu que, pour que...

QUELQUES VERBES QUI IMPOSENT LE SUBJONCTIF DANS LA SUBORDONNÉE

approuver, attendre, avoir envie, craindre, déplorer, désirer, s'étonner, exiger, faire attention, interdire, ordonner, permettre, préférer, refuser, regretter, souhaiter, tenir à ce que, vouloir, douter, empêcher, essayer...

14. L'IMPÉRATIF

• Le présent de l'impératif est employé pour exprimer des ordres, des conseils, des souhaits, des recommandations, des demandes, des interdictions.
• L'impératif ne se conjugue qu'à **trois personnes** : deuxièmes personnes du singulier et du pluriel et première personne du pluriel.
Il n'y a **pas de pronom sujet**.
• L'impératif a deux temps : le **présent** et le **passé**.

LE PRÉSENT DE L'IMPÉRATIF

• Ne t'énerve pas.   Traduisons ce texte.   Respirez.
• Pour les verbes du 2e groupe, on intercale l'élément « -ss- » entre le radical et les terminaisons aux personnes du pluriel.

Ralenti<u>ss</u>ons à l'entrée du village.   Agi<u>ss</u>ez !

CAS PARTICULIERS

• Les verbes du 1er groupe (ainsi que *ouvrir, offrir, souffrir, cueillir, aller* et *savoir*) ne prennent pas de « s » à la 2e personne du singulier.

Travaille un peu plus.   N'oublie rien.   Arrose les plantes.

Néanmoins, pour faciliter la prononciation, on ajoute un « s » lorsque l'impératif est suivi des pronoms *en* ou *y*.

Ces chocolats, offres-en à tes amis.   N'hésite pas, vas-y franchement.

• Les deux auxiliaires et quelques verbes ont des **formes particulières**.

avoir : aie – ayons – ayez   être : sois – soyons – soyez
aller : va – allons – allez   savoir : sache – sachons – sachez
asseoir : assieds – asseyons – asseyez   asseoir : assois – assoyons – assoyez

• Pour les **verbes pronominaux**, la forme verbale du présent de l'impératif est suivie d'un pronom personnel réfléchi *toi, nous* ou *vous*.

Présente-toi au guichet de la poste !   Présentez-vous au guichet.

• Pour les verbes du 1er groupe, il ne faut pas confondre la 2e personne du singulier du présent de l'impératif, qui n'a pas de sujet exprimé, avec la 2e personne du singulier du présent de l'indicatif.

Appelle ton ami au téléphone.   présent de l'impératif → « e »
Tu appelles ton ami au téléphone.   présent de l'indicatif → « es »

LE PASSÉ DE L'IMPÉRATIF

Formé de l'auxiliaire au présent de l'impératif et du participe passé.

Sois rentré(e) !   Ayons fini pour demain !   Soyez parti(e)s à temps.

15. VERBES EN -YER, -ELER ET -ETER

• Pour les verbes en -uyer, -oyer, -ayer à l'infinitif, le « y » se transforme en « i » devant les terminaisons commençant par un « e » muet. (→ Tableaux 16 à 18)

>   présent de l'indicatif : j'appuie – tu nettoies – elle paie – elles essuient
>   futur simple de l'indicatif : j'appuierai – tu essuieras – nous emploierons
>   présent du subjonctif : … que j'appuie – … qu'elle paie – … qu'elles nettoient
>   présent de l'impératif : appuie – essuie – paie – nettoie

• Au futur simple, les verbes *envoyer* et *renvoyer* ont une conjugaison particulière. (→ Tableau 19)

>   envoyer : j'enverrai   renvoyer : ils renverront

Remarque : même si, pour les verbes en -ayer, le maintien du « y » devant le « e » muet est toléré, il est préférable de transformer le « y » en « i » pour tous les verbes terminés par -yer dans un souci d'harmonisation.

• La plupart des verbes en -eler et -eter à l'infinitif, doublent le « l » ou le « t » devant les terminaisons commençant par un « e » muet. (→ Tableaux 12 et 14)

>   présent de l'indicatif : j'appelle – tu chancelles – elle jette – elles feuillettent
>   futur simple de l'indicatif : j'appellerai – tu chancelleras – il jettera – elles feuilletteront
>   présent du subjonctif : … que j'appelle – … qu'elles feuillettent
>   présent de l'impératif : appelle – chancelle – jette – feuillette

• Quelques verbes terminés par -eler (*peler, geler, ciseler, congeler, écarteler, marteler, modeler, receler, démanteler*) et -eter (*acheter, crocheter, haleter, fureter*) ne doublent pas le « l » ou le « t » devant les terminaisons commençant par un « e » muet. Ils s'écrivent avec un accent grave sur le « e » qui précède le « l » ou le « t ». (→ Tableaux 13 et 15)

>   présent de l'indicatif : je pèle – tu achètes – il gèle – elles halètent
>   futur simple de l'indicatif : je pèlerai – il gèlera – vous crochèterez – elles halèteront
>   présent du subjonctif : … que je pèle – … que tu achètes – … qu'il gèle
>   présent de l'impératif : pèle – achète – crochète

• Les verbes comme *interpeller* et *regretter* qui ont deux « l » ou deux « t » à l'infinitif les conservent à toutes les personnes. (→ Tableau 3)

>   interpeller : j'interpelle – nous interpellons
>   regretter : tu regrettes – vous regrettez

16. VERBES EN *-CER*, *-GER* ET AUTRES VERBES PARTICULIERS

Verbes en *-cer*

• **Les verbes du 1er groupe** en *-cer* à l'infinitif prennent une **cédille** sous le « c » devant les terminaisons commençant par les voyelles « o » ou « a » pour conserver le son (s). (→ Tableau 6)

    présent de l'indicatif : nous lançons
    imparfait de l'indicatif : je lançais – tu plaçais – elle perçait – elles traçaient
    passé simple de l'indicatif : je lançai – tu plaças – elle perça – vous grimaçâtes
    présent de l'impératif : lançons

Verbes en *-ger*

• **Les verbes du 1er groupe** en *-ger* à l'infinitif prennent un « e » après le « g » devant les terminaisons commençant par « o » ou « a » pour conserver le son (je). (→ Tableaux 7 et 10)

    présent de l'indicatif : nous nageons
    imparfait de l'indicatif : je nageais – tu dirigeais – elle jugeait – elles songeaient
    passé simple de l'indicatif : je nageai – elle jugea – vous négligeâtes
    présent de l'impératif : nageons

Autres verbes particuliers

• Pour les verbes du 1er groupe, comme *achever*, qui ont un « e » muet dans l'avant-dernière syllabe de leur infinitif, on place un accent grave sur ce « e » devant une terminaison commençant par un « e » muet. (→ Tableau 11)

    présent de l'indicatif : j'achève – tu sèmes – elle relève – elles mènent
    futur simple de l'indicatif : j'achèverai – nous lèverons – vous pèserez
    présent du subjonctif : ... que j'achève – ... que tu sèmes – ... qu'elles mènent
    présent de l'impératif : achève – sème – relève-toi

• Pour les verbes du 1er groupe, comme *céder*, qui ont un « é » dans l'avant-dernière syllabe de leur infinitif, l'accent aigu devient un accent grave devant une terminaison commençant par un « e » muet. (→ Tableau 9)

    présent de l'indicatif : je cède – tu règles – elle repère – elles tolèrent
    futur simple de l'indicatif : je cèderai – nous gèrerons – vous possèderez
    présent du subjonctif : ... que je cède – ... que tu règles – ... qu'elles tolèrent
    présent de l'impératif : cède – règle – repère

• Quelques verbes du 3e groupe en *-cevoir* (*apercevoir, percevoir, concevoir, décevoir, recevoir*) s'écrivent également avec un « ç » devant les voyelles « o », « u ». (→ Tableau 36)

17. NE PAS CONFONDRE : *AI – AIE – AIES – AIT – AIENT – ES – EST*

Plusieurs formes des verbes *avoir* et *être* sont homophones. Pour les différencier, il suffit de changer de personne pour trouver le temps et le mode, puis d'observer le pronom personnel sujet.

- *ai* : présent de l'indicatif du verbe *avoir*.

  Pour remonter ce casse-tête, j'ai besoin de beaucoup de patience.

  → Pour remonter ce casse-tête, nous **avons** besoin de beaucoup de patience.

- *aie – aies – ait – aient* : présent du subjonctif du verbe *avoir*.

  Pour remonter ce casse-tête, il faut que j'aie beaucoup de patience.

  Pour remonter ce casse-tête, il faut que tu aies beaucoup de patience.

  Pour remonter ce casse-tête, il faut qu'elle ait beaucoup de patience.

  Pour remonter ce casse-tête, il faut qu'ils aient beaucoup de patience.

  → Pour remonter ce casse-tête, il faut que nous **ayons** beaucoup de patience.

- *es – est* : présent de l'indicatif du verbe *être*.

  Tu es très patient car ce casse-tête présente bien des difficultés.

  Germain est très patient car ce casse-tête présente bien des difficultés.

  → Nous **sommes** très patients car ce casse-tête présente bien des difficultés.

18. DISTINGUER LE PARTICIPE PASSÉ EN *-É*, L'INFINITIF EN *-ER* ET LA FORME VERBALE EN *-EZ*

Lorsqu'on entend le son (é) à la fin d'un verbe du 1er groupe, plusieurs terminaisons sont possibles (*-é, -er, -ez*). Pour les distinguer, on remplace par un verbe du 2e ou du 3e groupe pour lequel on entend nettement la différence.

  infinitif : Nous allons fermer la porte. → Nous allons **prendre** la porte.

  participe passé : Nous avons fermé la porte. → Nous avons **pris** la porte.

  2e personne du pluriel : Vous fermez la porte. → Vous **prenez** la porte.

Par souci d'efficacité, choisir toujours le même verbe pour effectuer cette substitution.

Trouver la conjugaison d'un verbe

Grâce à l'index des verbes et aux tableaux de conjugaison types, vous pouvez conjuguer tous les verbes de la langue française.

• Pour cela, il vous suffit de rechercher par ordre alphabétique, dans l'index (pages 105 à 160), le verbe que vous souhaitez conjuguer.

• Le numéro qui figure en face de ce verbe vous donnera le numéro du modèle de conjugaison type. Vous trouverez ce modèle de conjugaison dans les pages qui suivent (pages 22 à 104), les tableaux étant classés par numéro.

• Vous appliquerez au verbe que vous voulez conjuguer les variations du radical et les terminaisons du verbe modèle.

• Les difficultés particulières de chaque conjugaison sont indiquées par les lettres en couleur.

Exemples :

1. Comment s'écrit le verbe *sortir* à la 2ᵉ personne du singulier du présent de l'impératif ?
Sortir a pour numéro de conjugaison **22** (il se conjugue comme *dormir*).
À la 2ᵉ personne du singulier du présent de l'impératif, le verbe modèle s'écrit *dors* ; *sortir* s'écrira donc *sors*.

2. Quelle est la 3ᵉ personne du singulier du présent du subjonctif du verbe *requérir* ?
Requérir a pour numéro de conjugaison **28** (il se conjugue comme *acquérir*).
Acquérir fait *qu'il acquière* à la 3ᵉ personne du singulier du présent du subjonctif ; *requérir* fera donc *qu'il requière*.

Liste des 83 verbes types

1 Avoir	29 Offrir	57 Résoudre
2 Être	30 Cueillir	58 Coudre
3 Chanter	31 Assaillir	59 Moudre
4 Crier	32 Faillir	60 Rompre
5 Créer	33 Fuir	61 Vaincre
6 Placer	34 Gésir	62 Battre
7 Manger	35 Ouïr	63 Mettre
8 Naviguer	36 Recevoir	64 Connaître
9 Céder	37 Voir	65 Naître
10 Assiéger	38 Prévoir	66 Croître
11 Lever	39 Pourvoir	67 Croire
12 Appeler	40 Asseoir	68 Plaire
13 Geler	41 Surseoir	69 Traire
14 Jeter	42 Savoir	70 Suivre
15 Acheter	43 Devoir	71 Vivre
16 Payer	44 Pouvoir	72 Suffire
17 Essuyer	45 Vouloir	73 Dire
18 Employer	46 Valoir	74 Maudire
19 Envoyer	47 Prévaloir	75 Lire
20 Finir	48 Mouvoir	76 Écrire
21 Haïr	49 Falloir	77 Rire
22 Dormir	50 Pleuvoir	78 Conduire
23 Vêtir	51 Déchoir	79 Boire
24 Bouillir	52 Rendre	80 Conclure
25 Courir	53 Prendre	81 Clore
26 Mourir	54 Craindre	82 Faire
27 Venir	55 Peindre	83 Aller
28 Acquérir	56 Joindre	

INDICATIF

Présent		Passé composé			
j'	ai	j'	ai	eu	
tu	as	tu	as	eu	
il	a	il	a	eu	
ns	avons	ns	avons	eu	
vs	avez	vs	avez	eu	
ils	ont	ils	ont	eu	

Imparfait		Plus-que parfait		
j'	avais	j'	avais	eu
tu	avais	tu	avais	eu
il	avait	il	avait	eu
ns	avions	ns	avions	eu
vs	aviez	vs	aviez	eu
ils	avaient	ils	avaient	eu

Passé simple		Passé antérieur		
j'	eus	j'	eus	eu
tu	eus	tu	eus	eu
il	eut	il	eut	eu
ns	eûmes	ns	eûmes	eu
vs	eûtes	vs	eûtes	eu
ils	eurent	ils	eurent	eu

Futur simple		Futur antérieur		
j'	aurai	j'	aurai	eu
tu	auras	tu	auras	eu
il	aura	il	aura	eu
ns	aurons	ns	aurons	eu
vs	aurez	vs	aurez	eu
ils	auront	ils	auront	eu

SUBJONCTIF

Présent		
que j'	aie	
que tu	aies	
qu' il	ait	
que ns	ayons	
que vs	ayez	
qu' ils	aient	

Imparfait		
que j'	eusse	
que tu	eusses	
qu' il	eût	
que ns	eussions	
que vs	eussiez	
qu' ils	eussent	

Passé		
que j'	aie	eu
que tu	aies	eu
qu' il	ait	eu
que ns	ayons	eu
que vs	ayez	eu
qu' ils	aient	eu

Plus-que-parfait		
que j'	eusse	eu
que tu	eusses	eu
qu' il	eût	eu
que ns	eussions	eu
que vs	eussiez	eu
qu' ils	eussent	eu

CONDITIONNEL

Présent		Passé 1re forme			Passé 2e forme		
j'	aurais	j'	aurais	eu	j'	eusse	eu
tu	aurais	tu	aurais	eu	tu	eusses	eu
il	aurait	il	aurait	eu	il	eût	eu
ns	aurions	ns	aurions	eu	ns	eussions	eu
vs	auriez	vs	auriez	eu	vs	eussiez	eu
ils	auraient	ils	auraient	eu	ils	eussent	eu

IMPÉRATIF

Présent			Passé		
aie	ayons	ayez	aie eu	ayons eu	ayez eu

INFINITIF

Présent	Passé
avoir	avoir eu

PARTICIPE

Présent	Passé	Passé composé
ayant	eu, eue	ayant eu

ÊTRE 2

INDICATIF			SUBJONCTIF

Présent
je suis
tu es
il est
ns sommes
vs êtes
ils sont

Passé composé
j' ai été
tu as été
il a été
ns avons été
vs avez été
ils ont été

Présent
que je sois
que tu sois
qu' il soit
que ns soyons
que vs soyez
qu' ils soient

Imparfait
j' étais
tu étais
il était
ns étions
vs étiez
ils étaient

Plus-que-parfait
j' avais été
tu avais été
il avait été
ns avions été
vs aviez été
ils avaient été

Imparfait
que je fusse
que tu fusses
qu' il fût
que ns fussions
que vs fussiez
qu' ils fussent

Passé simple
je fus
tu fus
il fut
ns fûmes
vs fûtes
ils furent

Passé antérieur
j' eus été
tu eus été
il eut été
ns eûmes été
vs eûtes été
ils eurent été

Passé
que j' aie été
que tu aies été
qu' il ait été
que ns ayons été
que vs ayez été
qu' ils aient été

Futur simple
je serai
tu seras
il sera
ns serons
vs serez
ils seront

Futur antérieur
j' aurai été
tu auras été
il aura été
ns aurons été
vs aurez été
ils auront été

Plus-que-parfait
que j' eusse été
que tu eusses été
qu' il eût été
que ns eussions été
que vs eussiez été
qu' ils eussent été

CONDITIONNEL

Présent
je serais
tu serais
il serait
ns serions
vs seriez
ils seraient

Passé 1re forme
j' aurais été
tu aurais été
il aurait été
ns aurions été
vs auriez été
ils auraient été

Passé 2e forme
j' eusse été
tu eusses été
il eût été
ns eussions été
vs eussiez été
ils eussent été

IMPÉRATIF

Présent
sois soyons soyez

Passé
aie été ayons été ayez été

INFINITIF

Présent être
Passé avoir été

PARTICIPE

Présent étant
Passé été
Passé composé ayant été

23

INDICATIF

Présent

je	chante
tu	chantes
il	chante
ns	chantons
vs	chantez
ils	chantent

Passé composé

j'	ai	chanté
tu	as	chanté
il	a	chanté
ns	avons	chanté
vs	avez	chanté
ils	ont	chanté

Imparfait

je	chantais
tu	chantais
il	chantait
ns	chantions
vs	chantiez
ils	chantaient

Plus-que-parfait

j'	avais	chanté
tu	avais	chanté
il	avait	chanté
ns	avions	chanté
vs	aviez	chanté
ils	avaient	chanté

Passé simple

je	chantai
tu	chantas
il	chanta
ns	chantâmes
vs	chantâtes
ils	chantèrent

Passé antérieur

j'	eus	chanté
tu	eus	chanté
il	eut	chanté
ns	eûmes	chanté
vs	eûtes	chanté
ils	eurent	chanté

Futur simple

je	chanterai
tu	chanteras
il	chantera
ns	chanterons
vs	chanterez
ils	chanteront

Futur antérieur

j'	aurai	chanté
tu	auras	chanté
il	aura	chanté
ns	aurons	chanté
vs	aurez	chanté
ils	auront	chanté

SUBJONCTIF

Présent

que je	chante
que tu	chantes
qu' il	chante
que ns	chantions
que vs	chantiez
qu' ils	chantent

Imparfait

que je	chantasse
que tu	chantasses
qu' il	chantât
que ns	chantassions
que vs	chantassiez
qu' ils	chantassent

Passé

que j'	aie	chanté
que tu	aies	chanté
qu' il	ait	chanté
que ns	ayons	chanté
que vs	ayez	chanté
qu' ils	aient	chanté

Plus-que-parfait

que j'	eusse	chanté
que tu	eusses	chanté
qu' il	eût	chanté
que ns	eussions	chanté
que vs	eussiez	chanté
qu' ils	eussent	chanté

CONDITIONNEL

Présent

je	chanterais
tu	chanterais
il	chanterait
ns	chanterions
vs	chanteriez
ils	chanteraient

Passé 1re forme

j'	aurais	chanté
tu	aurais	chanté
il	aurait	chanté
ns	aurions	chanté
vs	auriez	chanté
ils	auraient	chanté

Passé 2e forme

j'	eusse	chanté
tu	eusses	chanté
il	eût	chanté
ns	eussions	chanté
vs	eussiez	chanté
ils	eussent	chanté

IMPÉRATIF

Présent

chante   chantons   chantez

Passé

aie chanté   ayons chanté   ayez chanté

INFINITIF

| **Présent** | **Passé** |
| chanter | avoir chanté |

PARTICIPE

| **Présent** | **Passé** | **Passé composé** |
| chantant | chanté, e | ayant chanté |

CRIER

INDICATIF

Présent		Passé composé		
je	crie	j'	ai	crié
tu	cries	tu	as	crié
il	crie	il	a	crié
ns	crions	ns	avons	crié
vs	criez	vs	avez	crié
ils	crient	ils	ont	crié

Imparfait		Plus-que-parfait		
je	criais	j'	avais	crié
tu	criais	tu	avais	crié
il	criait	il	avait	crié
ns	criions	ns	avions	crié
vs	criiez	vs	aviez	crié
ils	criaient	ils	avaient	crié

Passé simple		Passé antérieur		
je	criai	j'	eus	crié
tu	crias	tu	eus	crié
il	cria	il	eut	crié
ns	criâmes	ns	eûmes	crié
vs	criâtes	vs	eûtes	crié
ils	crièrent	ils	eurent	crié

Futur simple		Futur antérieur		
je	crierai	j'	aurai	crié
tu	crieras	tu	auras	crié
il	criera	il	aura	crié
ns	crierons	ns	aurons	crié
vs	crierez	vs	aurez	crié
ils	crieront	ils	auront	crié

SUBJONCTIF

Présent		
que je	crie	
que tu	cries	
qu' il	crie	
que ns	criions	
que vs	criiez	
qu' ils	crient	

Imparfait		
que je	criasse	
que tu	criasses	
qu' il	criât	
que ns	criassions	
que vs	criassiez	
qu' ils	criassent	

Passé		
que j'	aie	crié
que tu	aies	crié
qu' il	ait	crié
que ns	ayons	crié
que vs	ayez	crié
qu' ils	aient	crié

Plus-que-parfait		
que j'	eusse	crié
que tu	eusses	crié
qu' il	eût	crié
que ns	eussions	crié
que vs	eussiez	crié
qu' ils	eussent	crié

CONDITIONNEL

Présent		Passé 1re forme			Passé 2e forme		
je	crierais	j'	aurais	crié	j'	eusse	crié
tu	crierais	tu	aurais	crié	tu	eusses	crié
il	crierait	il	aurait	crié	il	eût	crié
ns	crierions	ns	aurions	crié	ns	eussions	crié
vs	crieriez	vs	auriez	crié	vs	eussiez	crié
ils	crieraient	ils	auraient	crié	ils	eussent	crié

IMPÉRATIF

Présent			Passé		
crie	crions	criez	aie crié	ayons crié	ayez crié

INFINITIF

Présent	Passé
crier	avoir crié

PARTICIPE

Présent	Passé	Passé composé
criant	crié, e	ayant crié

CRÉER

INDICATIF

SUBJONCTIF

Présent	Passé composé		Présent
je crée	j' ai	créé	que je crée
tu crées	tu as	créé	que tu crées
il crée	il a	créé	qu' il crée
ns créons	ns avons	créé	que ns créions
vs créez	vs avez	créé	que vs créiez
ils créent	ils ont	créé	qu' ils créent

Imparfait	Plus-que-parfait		Imparfait
je créais	j' avais	créé	que je créasse
tu créais	tu avais	créé	que tu créasses
il créait	il avait	créé	qu' il créât
ns créions	ns avions	créé	que ns créassions
vs créiez	vs aviez	créé	que vs créassiez
ils créaient	ils avaient	créé	qu' ils créassent

Passé simple	Passé antérieur		Passé	
je créai	j' eus	créé	que j' aie	créé
tu créas	tu eus	créé	que tu aies	créé
il créa	il eut	créé	qu' il ait	créé
ns créâmes	ns eûmes	créé	que ns ayons	créé
vs créâtes	vs eûtes	créé	que vs ayez	créé
ils créèrent	ils eurent	créé	qu' ils aient	créé

Futur simple	Futur antérieur		Plus-que-parfait	
je créerai	j' aurai	créé	que j' eusse	créé
tu créeras	tu auras	créé	que tu eusses	créé
il créera	il aura	créé	qu' il eût	créé
ns créerons	ns aurons	créé	que ns eussions	créé
vs créerez	vs aurez	créé	que vs eussiez	créé
ils créeront	ils auront	créé	qu' ils eussent	créé

CONDITIONNEL

Présent	Passé 1re forme		Passé 2e forme	
je créerais	j' aurais	créé	j' eusse	créé
tu créerais	tu aurais	créé	tu eusses	créé
il créerait	il aurait	créé	il eût	créé
ns créerions	ns aurions	créé	ns eussions	créé
vs créeriez	vs auriez	créé	vs eussiez	créé
ils créeraient	ils auraient	créé	ils eussent	créé

IMPÉRATIF

Présent			Passé		
crée	créons	créez	aie créé	ayons créé	ayez créé

INFINITIF

Présent	Passé
créer	avoir créé

PARTICIPE

Présent	Passé	Passé composé
créant	créé, créée	ayant créé

INDICATIF

Présent

je	place
tu	places
il	place
ns	plaçons
vs	placez
ils	placent

Passé composé

j'	ai	placé
tu	as	placé
il	a	placé
ns	avons	placé
vs	avez	placé
ils	ont	placé

Imparfait

je	plaçais
tu	plaçais
il	plaçait
ns	placions
vs	placiez
ils	plaçaient

Plus-que-parfait

j'	avais	placé
tu	avais	placé
il	avait	placé
ns	avions	placé
vs	aviez	placé
ils	avaient	placé

Passé simple

je	plaçai
tu	plaças
il	plaça
ns	plaçâmes
vs	plaçâtes
ils	placèrent

Passé antérieur

j'	eus	placé
tu	eus	placé
il	eut	placé
ns	eûmes	placé
vs	eûtes	placé
ils	eurent	placé

Futur simple

je	placerai
tu	placeras
il	placera
ns	placerons
vs	placerez
ils	placeront

Futur antérieur

j'	aurai	placé
tu	auras	placé
il	aura	placé
ns	aurons	placé
vs	aurez	placé
ils	auront	placé

SUBJONCTIF

Présent

que je	place
que tu	places
qu' il	place
que ns	placions
que vs	placiez
qu' ils	placent

Imparfait

que je	plaçasse
que tu	plaçasses
qu' il	plaçât
que ns	plaçassions
que vs	plaçassiez
qu' ils	plaçassent

Passé

que j'	aie	placé
que tu	aies	placé
qu' il	ait	placé
que ns	ayons	placé
que vs	ayez	placé
qu' ils	aient	placé

Plus-que-parfait

que j'	eusse	placé
que tu	eusses	placé
qu' il	eût	placé
que ns	eussions	placé
que vs	eussiez	placé
qu' ils	eussent	placé

CONDITIONNEL

Présent

je	placerais
tu	placerais
il	placerait
ns	placerions
vs	placeriez
ils	placeraient

Passé 1re forme

j'	aurais	placé
tu	aurais	placé
il	aurait	placé
ns	aurions	placé
vs	auriez	placé
ils	auraient	placé

Passé 2e forme

j'	eusse	placé
tu	eusses	placé
il	eût	placé
ns	eussions	placé
vs	eussiez	placé
ils	eussent	placé

IMPÉRATIF

Présent

place   plaçons   placez

Passé

aie placé   ayons placé   ayez placé

INFINITIF

| **Présent** | **Passé** |
| placer | avoir placé |

PARTICIPE

| **Présent** | **Passé** | **Passé composé** |
| plaçant | placé, e | ayant placé |

INDICATIF

Présent		Passé composé		
je	mange	j'	ai	mangé
tu	manges	tu	as	mangé
il	mange	il	a	mangé
ns	mangeons	ns	avons	mangé
vs	mangez	vs	avez	mangé
ils	mangent	ils	ont	mangé

Imparfait		Plus-que-parfait		
je	mangeais	j'	avais	mangé
tu	mangeais	tu	avais	mangé
il	mangeait	il	avait	mangé
ns	mangions	ns	avions	mangé
vs	mangiez	vs	aviez	mangé
ils	mangeaient	ils	avaient	mangé

Passé simple		Passé antérieur		
je	mangeai	j'	eus	mangé
tu	mangeas	tu	eus	mangé
il	mangea	il	eut	mangé
ns	mangeâmes	ns	eûmes	mangé
vs	mangeâtes	vs	eûtes	mangé
ils	mangèrent	ils	eurent	mangé

Futur simple		Futur antérieur		
je	mangerai	j'	aurai	mangé
tu	mangeras	tu	auras	mangé
il	mangera	il	aura	mangé
ns	mangerons	ns	aurons	mangé
vs	mangerez	vs	aurez	mangé
ils	mangeront	ils	auront	mangé

SUBJONCTIF

Présent		
que je	mange	
que tu	manges	
qu' il	mange	
que ns	mangions	
que vs	mangiez	
qu' ils	mangent	

Imparfait		
que je	mangeasse	
que tu	mangeasses	
qu' il	mangeât	
que ns	mangeassions	
que vs	mangeassiez	
qu' ils	mangeassent	

Passé		
que j'	aie	mangé
que tu	aies	mangé
qu' il	ait	mangé
que ns	ayons	mangé
que vs	ayez	mangé
qu' ils	aient	mangé

Plus-que-parfait		
que j'	eusse	mangé
que tu	eusses	mangé
qu' il	eût	mangé
que ns	eussions	mangé
que vs	eussiez	mangé
qu' ils	eussent	mangé

CONDITIONNEL

Présent		Passé 1re forme			Passé 2e forme		
je	mangerais	j'	aurais	mangé	j'	eusse	mangé
tu	mangerais	tu	aurais	mangé	tu	eusses	mangé
il	mangerait	il	aurait	mangé	il	eût	mangé
ns	mangerions	ns	aurions	mangé	ns	eussions	mangé
vs	mangeriez	vs	auriez	mangé	vs	eussiez	mangé
ils	mangeraient	ils	auraient	mangé	ils	eussent	mangé

IMPÉRATIF

Présent			Passé		
mange	mangeons	mangez	aie mangé	ayons mangé	ayez mangé

INFINITIF

Présent	Passé
manger	avoir mangé

PARTICIPE

Présent	Passé	Passé composé
mangeant	mangé, e	ayant mangé

INDICATIF

Présent

je	navigue
tu	navigues
il	navigue
ns	naviguons
vs	naviguez
ils	naviguent

Passé composé

j'	ai	navigué
tu	as	navigué
il	a	navigué
ns	avons	navigué
vs	avez	navigué
ils	ont	navigué

Imparfait

je	naviguais
tu	naviguais
il	naviguait
ns	naviguions
vs	naviguiez
ils	naviguaient

Plus-que-parfait

j'	avais	navigué
tu	avais	navigué
il	avait	navigué
ns	avions	navigué
vs	aviez	navigué
ils	avaient	navigué

Passé simple

je	naviguai
tu	naviguas
il	navigua
ns	naviguâmes
vs	naviguâtes
ils	naviguèrent

Passé antérieur

j'	eus	navigué
tu	eus	navigué
il	eut	navigué
ns	eûmes	navigué
vs	eûtes	navigué
ils	eurent	navigué

Futur simple

je	naviguerai
tu	navigueras
il	naviguera
ns	naviguerons
vs	naviguerez
ils	navigueront

Futur antérieur

j'	aurai	navigué
tu	auras	navigué
il	aura	navigué
ns	aurons	navigué
vs	aurez	navigué
ils	auront	navigué

SUBJONCTIF

Présent

que je	navigue
que tu	navigues
qu' il	navigue
que ns	naviguions
que vs	naviguiez
qu' ils	naviguent

Imparfait

que je	naviguasse
que tu	naviguasses
qu' il	naviguât
que ns	naviguassions
que vs	naviguassiez
qu' ils	naviguassent

Passé

que j'	aie	navigué
que tu	aies	navigué
qu' il	ait	navigué
que ns	ayons	navigué
que vs	ayez	navigué
qu' ils	aient	navigué

Plus-que-parfait

que j'	eusse	navigué
que tu	eusses	navigué
qu' il	eût	navigué
que ns	eussions	navigué
que vs	eussiez	navigué
qu' ils	eussent	navigué

CONDITIONNEL

Présent

je	naviguerais
tu	naviguerais
il	naviguerait
ns	naviguerions
vs	navigueriez
ils	navigueraient

Passé 1re forme

j'	aurais	navigué
tu	aurais	navigué
il	aurait	navigué
ns	aurions	navigué
vs	auriez	navigué
ils	auraient	navigué

Passé 2e forme

j'	eusse	navigué
tu	eusses	navigué
il	eût	navigué
ns	eussions	navigué
vs	eussiez	navigué
ils	eussent	navigué

IMPÉRATIF

Présent

navigue   naviguons   naviguez

Passé

aie navigué   ayons navigué   ayez navigué

INFINITIF

Présent: naviguer   **Passé**: avoir navigué

PARTICIPE

Présent: naviguant   **Passé**: navigué, e   **Passé composé**: ayant navigué

INDICATIF

Présent		Passé composé		
je	cède	j'	ai	cédé
tu	cèdes	tu	as	cédé
il	cède	il	a	cédé
ns	cédons	ns	avons	cédé
vs	cédez	vs	avez	cédé
ils	cèdent	ils	ont	cédé

Imparfait		Plus-que-parfait		
je	cédais	j'	avais	cédé
tu	cédais	tu	avais	cédé
il	cédait	il	avait	cédé
ns	cédions	ns	avions	cédé
vs	cédiez	vs	aviez	cédé
ils	cédaient	ils	avaient	cédé

Passé simple		Passé antérieur		
je	cédai	j'	eus	cédé
tu	cédas	tu	eus	cédé
il	céda	il	eut	cédé
ns	cédâmes	ns	eûmes	cédé
vs	cédâtes	vs	eûtes	cédé
ils	cédèrent	ils	eurent	cédé

Futur simple			Futur antérieur		
je	céderai	(cèderai)	j'	aurai	cédé
tu	céderas	(cèderas)	tu	auras	cédé
il	cédera	(cèdera)	il	aura	cédé
ns	céderons	(cèderons)	ns	aurons	cédé
vs	céderez	(cèderez)	vs	aurez	cédé
ils	céderont	(cèderont)	ils	auront	cédé

SUBJONCTIF

Présent		
que	je	cède
que	tu	cèdes
qu'	il	cède
que	ns	cédions
que	vs	cédiez
qu'	ils	cèdent

Imparfait		
que	je	cédasse
que	tu	cédasses
qu'	il	cédât
que	ns	cédassions
que	vs	cédassiez
qu'	ils	cédassent

Passé			
que	j'	aie	cédé
que	tu	aies	cédé
qu'	il	ait	cédé
que	ns	ayons	cédé
que	vs	ayez	cédé
qu'	ils	aient	cédé

Plus-que-parfait			
que	j'	eusse	cédé
que	tu	eusses	cédé
qu'	il	eût	cédé
que	ns	eussions	cédé
que	vs	eussiez	cédé
qu'	ils	eussent	cédé

CONDITIONNEL

Présent			Passé 1re forme		
je	céderais	(cèderais)	j'	aurais	cédé
tu	céderais	(cèderais)	tu	aurais	cédé
il	céderait	(cèderait)	il	aurait	cédé
ns	céderions	(cèderions)	ns	aurions	cédé
vs	céderiez	(cèderiez)	vs	auriez	cédé
ils	céderaient	(cèderaient)	ils	auraient	cédé

Passé 2e forme		
j'	eusse	cédé
tu	eusses	cédé
il	eût	cédé
ns	eussions	cédé
vs	eussiez	cédé
ils	eussent	cédé

IMPÉRATIF

Présent			Passé		
cède	cédons	cédez	aie cédé	ayons cédé	ayez cédé

INFINITIF

Présent	Passé
céder	avoir cédé

PARTICIPE

Présent	Passé	Passé composé
cédant	cédé, e	ayant cédé

ASSIÉGER

INDICATIF

Présent
j' assiège
tu assièges
il assiège
ns assiégeons
vs assiégez
ils assiègent

Imparfait
j' assiégeais
tu assiégeais
il assiégeait
ns assiégions
vs assiégiez
ils assiégeaient

Passé simple
j' assiégeai
tu assiégeas
il assiégea
ns assiégeâmes
vs assiégeâtes
ils assiégèrent

Futur simple
j' assiégerai (assiègerai)
tu assiégeras (assiègeras)
il assiégera (assiègera)
ns assiégerons (assiègerons)
vs assiégerez (assiègerez)
ils assiégeront (assiègeront)

Passé composé
j' ai assiégé
tu as assiégé
il a assiégé
ns avons assiégé
vs avez assiégé
ils ont assiégé

Plus-que-parfait
j' avais assiégé
tu avais assiégé
il avait assiégé
ns avions assiégé
vs aviez assiégé
ils avaient assiégé

Passé antérieur
j' eus assiégé
tu eus assiégé
il eut assiégé
ns eûmes assiégé
vs eûtes assiégé
ils eurent assiégé

Futur antérieur
j' aurai assiégé
tu auras assiégé
il aura assiégé
ns aurons assiégé
vs aurez assiégé
ils auront assiégé

SUBJONCTIF

Présent
que j' assiège
que tu assièges
qu' il assiège
que ns assiégions
que vs assiégiez
qu' ils assiègent

Imparfait
que j' assiégeasse
que tu assiégeasses
qu' il assiégeât
que ns assiégeassions
que vs assiégeassiez
qu' ils assiégeassent

Passé
que j' aie assiégé
que tu aies assiégé
qu' il ait assiégé
que ns ayons assiégé
que vs ayez assiégé
qu' ils aient assiégé

Plus-que-parfait
que j' eusse assiégé
que tu eusses assiégé
qu' il eût assiégé
que ns eussions assiégé
que vs eussiez assiégé
qu' ils eussent assiégé

CONDITIONNEL

Présent
j' assiégerais (assiègerais)
tu assiégerais (assiègerais)
il assiégerait (assiègerait)
ns assiégerions (assiègerions)
vs assiégeriez (assiègeriez)
ils assiégeraient (assiègeraient)

Passé 1re forme
j' aurais assiégé
tu aurais assiégé
il aurait assiégé
ns aurions assiégé
vs auriez assiégé
ils auraient assiégé

Passé 2e forme
j' eusse assiégé
tu eusses assiégé
il eût assiégé
ns eussions assiégé
vs eussiez assiégé
ils eussent assiégé

IMPÉRATIF

Présent
assiège assiégeons assiégez

Passé
aie assiégé ayons assiégé ayez assiégé

INFINITIF

Présent
assiéger

Passé
avoir assiégé

PARTICIPE

Présent
assiégeant

Passé
assiégé, e

Passé composé
ayant assiégé

11 LEVER

1er groupe

INDICATIF

Présent
je lève
tu lèves
il lève
ns levons
vs levez
ils lèvent

Passé composé
j' ai levé
tu as levé
il a levé
ns avons levé
vs avez levé
ils ont levé

Imparfait
je levais
tu levais
il levait
ns levions
vs leviez
ils levaient

Plus-que-parfait
j' avais levé
tu avais levé
il avait levé
ns avions levé
vs aviez levé
ils avaient levé

Passé simple
je levai
tu levas
il leva
ns levâmes
vs levâtes
ils levèrent

Passé antérieur
j' eus levé
tu eus levé
il eut levé
ns eûmes levé
vs eûtes levé
ils eurent levé

Futur simple
je lèverai
tu lèveras
il lèvera
ns lèverons
vs lèverez
ils lèveront

Futur antérieur
j' aurai levé
tu auras levé
il aura levé
ns aurons levé
vs aurez levé
ils auront levé

SUBJONCTIF

Présent
que je lève
que tu lèves
qu' il lève
que ns levions
que vs leviez
qu' ils lèvent

Imparfait
que je levasse
que tu levasses
qu' il levât
que ns levassions
que vs levassiez
qu' ils levassent

Passé
que j' aie levé
que tu aies levé
qu' il ait levé
que ns ayons levé
que vs ayez levé
qu' ils aient levé

Plus-que-parfait
que j' eusse levé
que tu eusses levé
qu' il eût levé
que ns eussions levé
que vs eussiez levé
qu' ils eussent levé

CONDITIONNEL

Présent
je lèverais
tu lèverais
il lèverait
ns lèverions
vs lèveriez
ils lèveraient

Passé 1re forme
j' aurais levé
tu aurais levé
il aurait levé
ns aurions levé
vs auriez levé
ils auraient levé

Passé 2e forme
j' eusse levé
tu eusses levé
il eût levé
ns eussions levé
vs eussiez levé
ils eussent levé

IMPÉRATIF

Présent
lève levons levez

Passé
aie levé ayons levé ayez levé

INFINITIF

Présent
lever

Passé
avoir levé

PARTICIPE

Présent
levant

Passé
levé, e

Passé composé
ayant levé

32

APPELER · 12

INDICATIF

Présent		Passé composé		
j'	appelle	j'	ai	appelé
tu	appelles	tu	as	appelé
il	appelle	il	a	appelé
ns	appelons	ns	avons	appelé
vs	appelez	vs	avez	appelé
ils	appellent	ils	ont	appelé

Imparfait		Plus-que-parfait		
j'	appelais	j'	avais	appelé
tu	appelais	tu	avais	appelé
il	appelait	il	avait	appelé
ns	appelions	ns	avions	appelé
vs	appeliez	vs	aviez	appelé
ils	appelaient	ils	avaient	appelé

Passé simple		Passé antérieur		
j'	appelai	j'	eus	appelé
tu	appelas	tu	eus	appelé
il	appela	il	eut	appelé
ns	appelâmes	ns	eûmes	appelé
vs	appelâtes	vs	eûtes	appelé
ils	appelèrent	ils	eurent	appelé

Futur simple		Futur antérieur		
j'	appellerai	j'	aurai	appelé
tu	appelleras	tu	auras	appelé
il	appellera	il	aura	appelé
ns	appellerons	ns	aurons	appelé
vs	appellerez	vs	aurez	appelé
ils	appelleront	ils	auront	appelé

SUBJONCTIF

Présent		
que j'	appelle	
que tu	appelles	
qu' il	appelle	
que ns	appelions	
que vs	appeliez	
qu' ils	appellent	

Imparfait		
que j'	appelasse	
que tu	appelasses	
qu' il	appelât	
que ns	appelassions	
que vs	appelassiez	
qu' ils	appelassent	

Passé		
que j'	aie	appelé
que tu	aies	appelé
qu' il	ait	appelé
que ns	ayons	appelé
que vs	ayez	appelé
qu' ils	aient	appelé

Plus-que-parfait		
que j'	eusse	appelé
que tu	eusses	appelé
qu' il	eût	appelé
que ns	eussions	appelé
que vs	eussiez	appelé
qu' ils	eussent	appelé

CONDITIONNEL

Présent		Passé 1re forme			Passé 2e forme		
j'	appellerais	j'	aurais	appelé	j'	eusse	appelé
tu	appellerais	tu	aurais	appelé	tu	eusses	appelé
il	appellerait	il	aurait	appelé	il	eût	appelé
ns	appellerions	ns	aurions	appelé	ns	eussions	appelé
vs	appelleriez	vs	auriez	appelé	vs	eussiez	appelé
ils	appelleraient	ils	auraient	appelé	ils	eussent	appelé

IMPÉRATIF

Présent			Passé		
appelle	appelons	appelez	aie appelé	ayons appelé	ayez appelé

INFINITIF

Présent	Passé
appeler	avoir appelé

PARTICIPE

Présent	Passé	Passé composé
appelant	appelé, e	ayant appelé

INDICATIF

Présent
je gèle
tu gèles
il gèle
ns gelons
vs gelez
ils gèlent

Imparfait
je gelais
tu gelais
il gelait
ns gelions
vs geliez
ils gelaient

Passé simple
je gelai
tu gelas
il gela
ns gelâmes
vs gelâtes
ils gelèrent

Futur simple
je gèlerai
tu gèleras
il gèlera
ns gèlerons
vs gèlerez
ils gèleront

Passé composé
j' ai gelé
tu as gelé
il a gelé
ns avons gelé
vs avez gelé
ils ont gelé

Plus-que-parfait
j' avais gelé
tu avais gelé
il avait gelé
ns avions gelé
vs aviez gelé
ils avaient gelé

Passé antérieur
j' eus gelé
tu eus gelé
il eut gelé
ns eûmes gelé
vs eûtes gelé
ils eurent gelé

Futur antérieur
j' aurai gelé
tu auras gelé
il aura gelé
ns aurons gelé
vs aurez gelé
ils auront gelé

SUBJONCTIF

Présent
que je gèle
que tu gèles
qu' il gèle
que ns gelions
que vs geliez
qu' ils gèlent

Imparfait
que je gelasse
que tu gelasses
qu' il gelât
que ns gelassions
que vs gelassiez
qu' ils gelassent

Passé
que j' aie gelé
que tu aies gelé
qu' il ait gelé
que ns ayons gelé
que vs ayez gelé
qu' ils aient gelé

Plus-que-parfait
que j' eusse gelé
que tu eusses gelé
qu' il eût gelé
que ns eussions gelé
que vs eussiez gelé
qu' ils eussent gelé

CONDITIONNEL

Présent
je gèlerais
tu gèlerais
il gèlerait
ns gèlerions
vs gèleriez
ils gèleraient

Passé 1re forme
j' aurais gelé
tu aurais gelé
il aurait gelé
ns aurions gelé
vs auriez gelé
ils auraient gelé

Passé 2e forme
j' eusse gelé
tu eusses gelé
il eût gelé
ns eussions gelé
vs eussiez gelé
ils eussent gelé

IMPÉRATIF

Présent
gèle   gelons   gelez

Passé
aie gelé   ayons gelé   ayez gelé

INFINITIF

Présent
geler

Passé
avoir gelé

PARTICIPE

Présent
gelant

Passé
gelé, e

Passé composé
ayant gelé

INDICATIF

Présent		Passé composé		
je	jette	j'	ai	jeté
tu	jettes	tu	as	jeté
il	jette	il	a	jeté
ns	jetons	ns	avons	jeté
vs	jetez	vs	avez	jeté
ils	jettent	ils	ont	jeté

Imparfait		Plus-que-parfait		
je	jetais	j'	avais	jeté
tu	jetais	tu	avais	jeté
il	jetait	il	avait	jeté
ns	jetions	ns	avions	jeté
vs	jetiez	vs	aviez	jeté
ils	jetaient	ils	avaient	jeté

Passé simple		Passé antérieur		
je	jetai	j'	eus	jeté
tu	jetas	tu	eus	jeté
il	jeta	il	eut	jeté
ns	jetâmes	ns	eûmes	jeté
vs	jetâtes	vs	eûtes	jeté
ils	jetèrent	ils	eurent	jeté

Futur simple		Futur antérieur		
je	jetterai	j'	aurai	jeté
tu	jetteras	tu	auras	jeté
il	jettera	il	aura	jeté
ns	jetterons	ns	aurons	jeté
vs	jetterez	vs	aurez	jeté
ils	jetteront	ils	auront	jeté

SUBJONCTIF

Présent	
que je	jette
que tu	jettes
qu' il	jette
que ns	jetions
que vs	jetiez
qu' ils	jettent

Imparfait	
que je	jetasse
que tu	jetasses
qu' il	jetât
que ns	jetassions
que vs	jetassiez
qu' ils	jetassent

Passé		
que j'	aie	jeté
que tu	aies	jeté
qu' il	ait	jeté
que ns	ayons	jeté
que vs	ayez	jeté
qu' ils	aient	jeté

Plus-que-parfait		
que j'	eusse	jeté
que tu	eusses	jeté
qu' il	eût	jeté
que ns	eussions	jeté
que vs	eussiez	jeté
qu' ils	eussent	jeté

CONDITIONNEL

Présent		Passé 1re forme			Passé 2e forme		
je	jetterais	j'	aurais	jeté	j'	eusse	jeté
tu	jetterais	tu	aurais	jeté	tu	eusses	jeté
il	jetterait	il	aurait	jeté	il	eût	jeté
ns	jetterions	ns	aurions	jeté	ns	eussions	jeté
vs	jetteriez	vs	auriez	jeté	vs	eussiez	jeté
ils	jetteraient	ils	auraient	jeté	ils	eussent	jeté

IMPÉRATIF

Présent			Passé		
jette	jetons	jetez	aie jeté	ayons jeté	ayez jeté

INFINITIF

Présent	Passé
jeter	avoir jeté

PARTICIPE

Présent	Passé	Passé composé
jetant	jeté, e	ayant jeté

INDICATIF

Présent
j' achète
tu achètes
il achète
ns achetons
vs achetez
ils achètent

Passé composé
j' ai acheté
tu as acheté
il a acheté
ns avons acheté
vs avez acheté
ils ont acheté

Imparfait
j' achetais
tu achetais
il achetait
ns achetions
vs achetiez
ils achetaient

Plus-que-parfait
j' avais acheté
tu avais acheté
il avait acheté
ns avions acheté
vs aviez acheté
ils avaient acheté

Passé simple
j' achetai
tu achetas
il acheta
ns achetâmes
vs achetâtes
ils achetèrent

Passé antérieur
j' eus acheté
tu eus acheté
il eut acheté
ns eûmes acheté
vs eûtes acheté
ils eurent acheté

Futur simple
j' achèterai
tu achèteras
il achètera
ns achèterons
vs achèterez
ils achèteront

Futur antérieur
j' aurai acheté
tu auras acheté
il aura acheté
ns aurons acheté
vs aurez acheté
ils auront acheté

SUBJONCTIF

Présent
que j' achète
que tu achètes
qu' il achète
que ns achetions
que vs achetiez
qu' ils achètent

Imparfait
que j' achetasse
que tu achetasses
qu' il achetât
que ns achetassions
que vs achetassiez
qu' ils achetassent

Passé
que j' aie acheté
que tu aies acheté
qu' il ait acheté
que ns ayons acheté
que vs ayez acheté
qu' ils aient acheté

Plus-que-parfait
que j' eusse acheté
que tu eusses acheté
qu' il eût acheté
que ns eussions acheté
que vs eussiez acheté
qu' ils eussent acheté

CONDITIONNEL

Présent
j' achèterais
tu achèterais
il achèterait
ns achèterions
vs achèteriez
ils achèteraient

Passé 1re forme
j' aurais acheté
tu aurais acheté
il aurait acheté
ns aurions acheté
vs auriez acheté
ils auraient acheté

Passé 2e forme
j' eusse acheté
tu eusses acheté
il eût acheté
ns eussions acheté
vs eussiez acheté
ils eussent acheté

IMPÉRATIF

Présent
achète achetons achetez

Passé
aie acheté ayons acheté ayez acheté

INFINITIF

Présent
acheter

Passé
avoir acheté

PARTICIPE

Présent
achetant

Passé
acheté, e

Passé composé
ayant acheté

INDICATIF

Présent
je paie
tu paies
il paie
ns payons
vs payez
ils paient

Passé composé
j' ai payé
tu as payé
il a payé
ns avons payé
vs avez payé
ils ont payé

Imparfait
je payais
tu payais
il payait
ns payions
vs payiez
ils payaient

Plus-que-parfait
j' avais payé
tu avais payé
il avait payé
ns avions payé
vs aviez payé
ils avaient payé

Passé simple
je payai
tu payas
il paya
ns payâmes
vs payâtes
ils payèrent

Passé antérieur
j' eus payé
tu eus payé
il eut payé
ns eûmes payé
vs eûtes payé
ils eurent payé

Futur simple
je paierai
tu paieras
il paiera
ns paierons
vs paierez
ils paieront

Futur antérieur
j' aurai payé
tu auras payé
il aura payé
ns aurons payé
vs aurez payé
ils auront payé

SUBJONCTIF

Présent
que je paie
que tu paies
qu' il paie
que ns payions
que vs payiez
qu' ils paient

Imparfait
que je payasse
que tu payasses
qu' il payât
que ns payassions
que vs payassiez
qu' ils payassent

Passé
que j' aie payé
que tu aies payé
qu' il ait payé
que ns ayons payé
que vs ayez payé
qu' ils aient payé

Plus-que-parfait
que j' eusse payé
que tu eusses payé
qu' il eût payé
que ns eussions payé
que vs eussiez payé
qu' ils eussent payé

CONDITIONNEL

Présent
je paierais
tu paierais
il paierait
ns paierions
vs paieriez
ils paieraient

Passé 1re forme
j' aurais payé
tu aurais payé
il aurait payé
ns aurions payé
vs auriez payé
ils auraient payé

Passé 2e forme
j' eusse payé
tu eusses payé
il eût payé
ns eussions payé
vs eussiez payé
ils eussent payé

IMPÉRATIF

Présent
paie   payons   payez

Passé
aie payé   ayons payé   ayez payé

INFINITIF

Présent payer
Passé avoir payé

PARTICIPE

Présent payant
Passé payé, e
Passé composé ayant payé

ESSUYER

INDICATIF

Présent
j'	essuie
tu	essuies
il	essuie
ns	essuyons
vs	essuyez
ils	essuient

Passé composé
j'	ai	essuyé
tu	as	essuyé
il	a	essuyé
ns	avons	essuyé
vs	avez	essuyé
ils	ont	essuyé

Imparfait
j'	essuyais
tu	essuyais
il	essuyait
ns	essuyions
vs	essuyiez
ils	essuyaient

Plus-que-parfait
j'	avais	essuyé
tu	avais	essuyé
il	avait	essuyé
ns	avions	essuyé
vs	aviez	essuyé
ils	avaient	essuyé

Passé simple
j'	essuyai
tu	essuyas
il	essuya
ns	essuyâmes
vs	essuyâtes
ils	essuyèrent

Passé antérieur
j'	eus	essuyé
tu	eus	essuyé
il	eut	essuyé
ns	eûmes	essuyé
vs	eûtes	essuyé
ils	eurent	essuyé

Futur simple
j'	essuierai
tu	essuieras
il	essuiera
ns	essuierons
vs	essuierez
ils	essuieront

Futur antérieur
j'	aurai	essuyé
tu	auras	essuyé
il	aura	essuyé
ns	aurons	essuyé
vs	aurez	essuyé
ils	auront	essuyé

SUBJONCTIF

Présent
que	j'	essuie
que	tu	essuies
qu'	il	essuie
que	ns	essuyions
que	vs	essuyiez
qu'	ils	essuient

Imparfait
que	j'	essuyasse
que	tu	essuyasses
qu'	il	essuyât
que	ns	essuyassions
que	vs	essuyassiez
qu'	ils	essuyassent

Passé
que	j'	aie	essuyé
que	tu	aies	essuyé
qu'	il	ait	essuyé
que	ns	ayons	essuyé
que	vs	ayez	essuyé
qu'	ils	aient	essuyé

Plus-que-parfait
que	j'	eusse	essuyé
que	tu	eusses	essuyé
qu'	il	eût	essuyé
que	ns	eussions	essuyé
que	vs	eussiez	essuyé
qu'	ils	eussent	essuyé

CONDITIONNEL

Présent
j'	essuierais
tu	essuierais
il	essuierait
ns	essuierions
vs	essuieriez
ils	essuieraient

Passé 1re forme
j'	aurais	essuyé
tu	aurais	essuyé
il	aurait	essuyé
ns	aurions	essuyé
vs	auriez	essuyé
ils	auraient	essuyé

Passé 2e forme
j'	eusse	essuyé
tu	eusses	essuyé
il	eût	essuyé
ns	eussions	essuyé
vs	eussiez	essuyé
ils	eussent	essuyé

IMPÉRATIF

Présent
essuie   essuyons   essuyez

Passé
aie essuyé   ayons essuyé   ayez essuyé

INFINITIF

Présent	Passé
essuyer	avoir essuyé

PARTICIPE

Présent	Passé	Passé composé
essuyant	essuyé, e	ayant essuyé

INDICATIF

Présent
j'	emploie
tu	emploies
il	emploie
ns	employons
vs	employez
ils	emploient

Passé composé
j'	ai	employé
tu	as	employé
il	a	employé
ns	avons	employé
vs	avez	employé
ils	ont	employé

Imparfait
j'	employais
tu	employais
il	employait
ns	employions
vs	employiez
ils	employaient

Plus-que-parfait
j'	avais	employé
tu	avais	employé
il	avait	employé
ns	avions	employé
vs	aviez	employé
ils	avaient	employé

Passé simple
j'	employai
tu	employas
il	employa
ns	employâmes
vs	employâtes
ils	employèrent

Passé antérieur
j'	eus	employé
tu	eus	employé
il	eut	employé
ns	eûmes	employé
vs	eûtes	employé
ils	eurent	employé

Futur simple
j'	emploierai
tu	emploieras
il	emploiera
ns	emploierons
vs	emploierez
ils	emploieront

Futur antérieur
j'	aurai	employé
tu	auras	employé
il	aura	employé
ns	aurons	employé
vs	aurez	employé
ils	auront	employé

SUBJONCTIF

Présent
que	j'	emploie
que	tu	emploies
qu'	il	emploie
que	ns	employions
que	vs	employiez
qu'	ils	emploient

Imparfait
que	j'	employasse
que	tu	employasses
qu'	il	employât
que	ns	employassions
que	vs	employassiez
qu'	ils	employassent

Passé
que	j'	aie	employé
que	tu	aies	employé
qu'	il	ait	employé
que	ns	ayons	employé
que	vs	ayez	employé
qu'	ils	aient	employé

Plus-que-parfait
que	j'	eusse	employé
que	tu	eusses	employé
qu'	il	eût	employé
que	ns	eussions	employé
que	vs	eussiez	employé
qu'	ils	eussent	employé

CONDITIONNEL

Présent
j'	emploierais
tu	emploierais
il	emploierait
ns	emploierions
vs	emploieriez
ils	emploieraient

Passé 1re forme
j'	aurais	employé
tu	aurais	employé
il	aurait	employé
ns	aurions	employé
vs	auriez	employé
ils	auraient	employé

Passé 2e forme
j'	eusse	employé
tu	eusses	employé
il	eût	employé
ns	eussions	employé
vs	eussiez	employé
ils	eussent	employé

IMPÉRATIF

Présent
emploie   employons   employez

Passé
aie employé   ayons employé   ayez employé

INFINITIF

Présent	Passé
employer	avoir employé

PARTICIPE

Présent	Passé	Passé composé
employant	employé, e	ayant employé

ENVOYER

INDICATIF

Présent	Passé composé	
j' envoie	j' ai	envoyé
tu envoies	tu as	envoyé
il envoie	il a	envoyé
ns envoyons	ns avons	envoyé
vs envoyez	vs avez	envoyé
ils envoient	ils ont	envoyé

Imparfait	Plus-que-parfait	
j' envoyais	j' avais	envoyé
tu envoyais	tu avais	envoyé
il envoyait	il avait	envoyé
ns envoyions	ns avions	envoyé
vs envoyiez	vs aviez	envoyé
ils envoyaient	ils avaient	envoyé

Passé simple	Passé antérieur	
j' envoyai	j' eus	envoyé
tu envoyas	tu eus	envoyé
il envoya	il eut	envoyé
ns envoyâmes	ns eûmes	envoyé
vs envoyâtes	vs eûtes	envoyé
ils envoyèrent	ils eurent	envoyé

Futur simple	Futur antérieur	
j' enverrai	j' aurai	envoyé
tu enverras	tu auras	envoyé
il enverra	il aura	envoyé
ns enverrons	ns aurons	envoyé
vs enverrez	vs aurez	envoyé
ils enverront	ils auront	envoyé

SUBJONCTIF

Présent	
que j' envoie	
que tu envoies	
qu' il envoie	
que ns envoyions	
que vs envoyiez	
qu' ils envoient	

Imparfait	
que j' envoyasse	
que tu envoyasses	
qu' il envoyât	
que ns envoyassions	
que vs envoyassiez	
qu' ils envoyassent	

Passé		
que j' aie	envoyé	
que tu aies	envoyé	
qu' il ait	envoyé	
que ns ayons	envoyé	
que vs ayez	envoyé	
qu' ils aient	envoyé	

Plus-que-parfait		
que j' eusse	envoyé	
que tu eusses	envoyé	
qu' il eût	envoyé	
que ns eussions	envoyé	
que vs eussiez	envoyé	
qu' ils eussent	envoyé	

CONDITIONNEL

Présent	Passé 1re forme		Passé 2e forme	
j' enverrais	j' aurais	envoyé	j' eusse	envoyé
tu enverrais	tu aurais	envoyé	tu eusses	envoyé
il enverrait	il aurait	envoyé	il eût	envoyé
ns enverrions	ns aurions	envoyé	ns eussions	envoyé
vs enverriez	vs auriez	envoyé	vs eussiez	envoyé
ils enverraient	ils auraient	envoyé	ils eussent	envoyé

IMPÉRATIF

Présent			Passé		
envoie	envoyons	envoyez	aie envoyé	ayons envoyé	ayez envoyé

INFINITIF

Présent	Passé
envoyer	avoir envoyé

PARTICIPE

Présent	Passé	Passé composé
envoyant	envoyé, e	ayant envoyé

INDICATIF

Présent		Passé composé		
je	finis	j'	ai	fini
tu	finis	tu	as	fini
il	finit	il	a	fini
ns	finissons	ns	avons	fini
vs	finissez	vs	avez	fini
ils	finissent	ils	ont	fini

Imparfait		Plus-que-parfait		
je	finissais	j'	avais	fini
tu	finissais	tu	avais	fini
il	finissait	il	avait	fini
ns	finissions	ns	avions	fini
vs	finissiez	vs	aviez	fini
ils	finissaient	ils	avaient	fini

Passé simple		Passé antérieur		
je	finis	j'	eus	fini
tu	finis	tu	eus	fini
il	finit	il	eut	fini
ns	finîmes	ns	eûmes	fini
vs	finîtes	vs	eûtes	fini
ils	finirent	ils	eurent	fini

Futur simple		Futur antérieur		
je	finirai	j'	aurai	fini
tu	finiras	tu	auras	fini
il	finira	il	aura	fini
ns	finirons	ns	aurons	fini
vs	finirez	vs	aurez	fini
ils	finiront	ils	auront	fini

SUBJONCTIF

Présent		
que je	finisse	
que tu	finisses	
qu' il	finisse	
que ns	finissions	
que vs	finissiez	
qu' ils	finissent	

Imparfait		
que je	finisse	
que tu	finisses	
qu' il	finît	
que ns	finissions	
que vs	finissiez	
qu' ils	finissent	

Passé		
que j'	aie	fini
que tu	aies	fini
qu' il	ait	fini
que ns	ayons	fini
que vs	ayez	fini
qu' ils	aient	fini

Plus-que-parfait		
que j'	eusse	fini
que tu	eusses	fini
qu' il	eût	fini
que ns	eussions	fini
que vs	eussiez	fini
qu' ils	eussent	fini

CONDITIONNEL

Présent		Passé 1ʳᵉ forme			Passé 2ᵉ forme		
je	finirais	j'	aurais	fini	j'	eusse	fini
tu	finirais	tu	aurais	fini	tu	eusses	fini
il	finirait	il	aurait	fini	il	eût	fini
ns	finirions	ns	aurions	fini	ns	eussions	fini
vs	finiriez	vs	auriez	fini	vs	eussiez	fini
ils	finiraient	ils	auraient	fini	ils	eussent	fini

IMPÉRATIF

Présent			Passé		
finis	finissons	finissez	aie fini	ayons fini	ayez fini

INFINITIF

Présent	Passé
finir	avoir fini

PARTICIPE

Présent	Passé	Passé composé
finissant	fini, e	ayant fini

INDICATIF

Présent
je	hais
tu	hais
il	hait
ns	haïssons
vs	haïssez
ils	haïssent

Passé composé
j'	ai	haï
tu	as	haï
il	a	haï
ns	avons	haï
vs	avez	haï
ils	ont	haï

Imparfait
je	haïssais
tu	haïssais
il	haïssait
ns	haïssions
vs	haïssiez
ils	haïssaient

Plus-que-parfait
j'	avais	haï
tu	avais	haï
il	avait	haï
ns	avions	haï
vs	aviez	haï
ils	avaient	haï

Passé simple
je	haïs
tu	haïs
il	haït
ns	haïmes
vs	haïtes
ils	haïrent

Passé antérieur
j'	eus	haï
tu	eus	haï
il	eut	haï
ns	eûmes	haï
vs	eûtes	haï
ils	eurent	haï

Futur simple
je	haïrai
tu	haïras
il	haïra
ns	haïrons
vs	haïrez
ils	haïront

Futur antérieur
j'	aurai	haï
tu	auras	haï
il	aura	haï
ns	aurons	haï
vs	aurez	haï
ils	auront	haï

SUBJONCTIF

Présent
que	je	haïsse
que	tu	haïsses
qu'	il	haïsse
que	ns	haïssions
que	vs	haïssiez
qu'	ils	haïssent

Imparfait
que	je	haïsse
que	tu	haïsses
qu'	il	haït
que	ns	haïssions
que	vs	haïssiez
qu'	ils	haïssent

Passé
que	j'	aie	haï
que	tu	aies	haï
qu'	il	ait	haï
que	ns	ayons	haï
que	vs	ayez	haï
qu'	ils	aient	haï

Plus-que-parfait
que	j'	eusse	haï
que	tu	eusses	haï
qu'	il	eût	haï
que	ns	eussions	haï
que	vs	eussiez	haï
qu'	ils	eussent	haï

CONDITIONNEL

Présent
je	haïrais
tu	haïrais
il	haïrait
ns	haïrions
vs	haïriez
ils	haïraient

Passé 1re forme
j'	aurais	haï
tu	aurais	haï
il	aurait	haï
ns	aurions	haï
vs	auriez	haï
ils	auraient	haï

Passé 2e forme
j'	eusse	haï
tu	eusses	haï
il	eût	haï
ns	eussions	haï
vs	eussiez	haï
ils	eussent	haï

IMPÉRATIF

Présent
hais	haïssons	haïssez

Passé
aie haï	ayons haï	ayez haï

INFINITIF

Présent	Passé
haïr	avoir haï

PARTICIPE

Présent	Passé	Passé composé
haïssant	haï, haïe	ayant haï

DORMIR

INDICATIF

Présent
je **dors**
tu **dors**
il **dort**
ns dormons
vs dormez
ils dorment

Passé composé
j' ai dormi
tu as dormi
il a dormi
ns avons dormi
vs avez dormi
ils ont dormi

Imparfait
je dormais
tu dormais
il dormait
ns dormions
vs dormiez
ils dormaient

Plus-que-parfait
j' avais dormi
tu avais dormi
il avait dormi
ns avions dormi
vs aviez dormi
ils avaient dormi

Passé simple
je dormis
tu dormis
il dormit
ns dormîmes
vs dormîtes
ils dormirent

Passé antérieur
j' eus dormi
tu eus dormi
il eut dormi
ns eûmes dormi
vs eûtes dormi
ils eurent dormi

Futur simple
je dormirai
tu dormiras
il dormira
ns dormirons
vs dormirez
ils dormiront

Futur antérieur
j' aurai dormi
tu auras dormi
il aura dormi
ns aurons dormi
vs aurez dormi
ils auront dormi

SUBJONCTIF

Présent
que je dorme
que tu dormes
qu' il dorme
que ns dormions
que vs dormiez
qu' ils dorment

Imparfait
que je dormisse
que tu dormisses
qu' il dormît
que ns dormissions
que vs dormissiez
qu' ils dormissent

Passé
que j' aie dormi
que tu aies dormi
qu' il ait dormi
que ns ayons dormi
que vs ayez dormi
qu' ils aient dormi

Plus-que-parfait
que j' eusse dormi
que tu eusses dormi
qu' il eût dormi
que ns eussions dormi
que vs eussiez dormi
qu' ils eussent dormi

CONDITIONNEL

Présent
je dormirais
tu dormirais
il dormirait
ns dormirions
vs dormiriez
ils dormiraient

Passé 1re forme
j' aurais dormi
tu aurais dormi
il aurait dormi
ns aurions dormi
vs auriez dormi
ils auraient dormi

Passé 2e forme
j' eusse dormi
tu eusses dormi
il eût dormi
ns eussions dormi
vs eussiez dormi
ils eussent dormi

IMPÉRATIF

Présent
dors   dormons   dormez

Passé
aie dormi   ayons dormi   ayez dormi

INFINITIF

Présent
dormir

Passé
avoir dormi

PARTICIPE

Présent
dormant

Passé
dormi

Passé composé
ayant dormi

23 VÊTIR groupe

INDICATIF

Présent
je vêts
tu vêts
il vêt
ns vêtons
vs vêtez
ils vêtent

Passé composé
j' ai vêtu
tu as vêtu
il a vêtu
ns avons vêtu
vs avez vêtu
ils ont vêtu

Imparfait
je vêtais
tu vêtais
il vêtait
ns vêtions
vs vêtiez
ils vêtaient

Plus-que-parfait
j' avais vêtu
tu avais vêtu
il avait vêtu
ns avions vêtu
vs aviez vêtu
ils avaient vêtu

Passé simple
je vêtis
tu vêtis
il vêtit
ns vêtîmes
vs vêtîtes
ils vêtirent

Passé antérieur
j' eus vêtu
tu eus vêtu
il eut vêtu
ns eûmes vêtu
vs eûtes vêtu
ils eurent vêtu

Futur simple
je vêtirai
tu vêtiras
il vêtira
ns vêtirons
vs vêtirez
ils vêtiront

Futur antérieur
j' aurai vêtu
tu auras vêtu
il aura vêtu
ns aurons vêtu
vs aurez vêtu
ils auront vêtu

SUBJONCTIF

Présent
que je vête
que tu vêtes
qu' il vête
que ns vêtions
que vs vêtiez
qu' ils vêtent

Imparfait
que je vêtisse
que tu vêtisses
qu' il vêtît
que ns vêtissions
que vs vêtissiez
qu' ils vêtissent

Passé
que j' aie vêtu
que tu aies vêtu
qu' il ait vêtu
que ns ayons vêtu
que vs ayez vêtu
qu' ils aient vêtu

Plus-que-parfait
que j' eusse vêtu
que tu eusses vêtu
qu' il eût vêtu
que ns eussions vêtu
que vs eussiez vêtu
qu' ils eussent vêtu

CONDITIONNEL

Présent
je vêtirais
tu vêtirais
il vêtirait
ns vêtirions
vs vêtiriez
ils vêtiraient

Passé 1re forme
j' aurais vêtu
tu aurais vêtu
il aurait vêtu
ns aurions vêtu
vs auriez vêtu
ils auraient vêtu

Passé 2e forme
j' eusse vêtu
tu eusses vêtu
il eût vêtu
ns eussions vêtu
vs eussiez vêtu
ils eussent vêtu

IMPÉRATIF

Présent
vêts vêtons vêtez

Passé
aie vêtu ayons vêtu ayez vêtu

INFINITIF

Présent
vêtir

Passé
avoir vêtu

PARTICIPE

Présent
vêtant

Passé
vêtu, e

Passé composé
ayant vêtu

44

BOUILLIR

INDICATIF

Présent
je	**bous**
tu	**bous**
il	**bout**
ns	bouillons
vs	bouillez
ils	bouillent

Passé composé
j'	ai	bouilli
tu	as	bouilli
il	a	bouilli
ns	avons	bouilli
vs	avez	bouilli
ils	ont	bouilli

Imparfait
je	bouillais
tu	bouillais
il	bouillait
ns	bouillions
vs	bouilliez
ils	bouillaient

Plus-que-parfait
j'	avais	bouilli
tu	avais	bouilli
il	avait	bouilli
ns	avions	bouilli
vs	aviez	bouilli
ils	avaient	bouilli

Passé simple
je	bouillis
tu	bouillis
il	bouillit
ns	bouillîmes
vs	bouillîtes
ils	bouillirent

Passé antérieur
j'	eus	bouilli
tu	eus	bouilli
il	eut	bouilli
ns	eûmes	bouilli
vs	eûtes	bouilli
ils	eurent	bouilli

Futur simple
je	bouillirai
tu	bouilliras
il	bouillira
ns	bouillirons
vs	bouillirez
ils	bouilliront

Futur antérieur
j'	aurai	bouilli
tu	auras	bouilli
il	aura	bouilli
ns	aurons	bouilli
vs	aurez	bouilli
ils	auront	bouilli

SUBJONCTIF

Présent
que je	bouille
que tu	bouilles
qu' il	bouille
que ns	bouillions
que vs	bouilliez
qu' ils	bouillent

Imparfait
que je	bouillisse
que tu	bouillisses
qu' il	bouillît
que ns	bouillissions
que vs	bouillissiez
qu' ils	bouillissent

Passé
que j'	aie	bouilli
que tu	aies	bouilli
qu' il	ait	bouilli
que ns	ayons	bouilli
que vs	ayez	bouilli
qu' ils	aient	bouilli

Plus-que-parfait
que j'	eusse	bouilli
que tu	eusses	bouilli
qu' il	eût	bouilli
que ns	eussions	bouilli
que vs	eussiez	bouilli
qu' ils	eussent	bouilli

CONDITIONNEL

Présent
je	bouillirais
tu	bouillirais
il	bouillirait
ns	bouillirions
vs	bouilliriez
ils	bouilliraient

Passé 1ʳᵉ forme
j'	aurais	bouilli
tu	aurais	bouilli
il	aurait	bouilli
ns	aurions	bouilli
vs	auriez	bouilli
ils	auraient	bouilli

Passé 2ᵉ forme
j'	eusse	bouilli
tu	eusses	bouilli
il	eût	bouilli
ns	eussions	bouilli
vs	eussiez	bouilli
ils	eussent	bouilli

IMPÉRATIF

Présent
bous   bouillons   bouillez

Passé
aie bouilli   ayons bouilli   ayez bouilli

INFINITIF

Présent
bouillir

Passé
avoir bouilli

PARTICIPE

Présent
bouillant

Passé
bouilli, e

Passé composé
ayant bouilli

25 COURIR 3ᵉ groupe

INDICATIF

Présent
je cours
tu cours
il court
ns courons
vs courez
ils courent

Passé composé
j' ai couru
tu as couru
il a couru
ns avons couru
vs avez couru
ils ont couru

Imparfait
je courais
tu courais
il courait
ns courions
vs couriez
ils couraient

Plus-que-parfait
j' avais couru
tu avais couru
il avait couru
ns avions couru
vs aviez couru
ils avaient couru

Passé simple
je courus
tu courus
il courut
ns courûmes
vs courûtes
ils coururent

Passé antérieur
j' eus couru
tu eus couru
il eut couru
ns eûmes couru
vs eûtes couru
ils eurent couru

Futur simple
je courrai
tu courras
il courra
ns courrons
vs courrez
ils courront

Futur antérieur
j' aurai couru
tu auras couru
il aura couru
ns aurons couru
vs aurez couru
ils auront couru

SUBJONCTIF

Présent
que je coure
que tu coures
qu' il coure
que ns courions
que vs couriez
qu' ils courent

Imparfait
que je courusse
que tu courusses
qu' il courût
que ns courussions
que vs courussiez
qu' ils courussent

Passé
que j' aie couru
que tu aies couru
qu' il ait couru
que ns ayons couru
que vs ayez couru
qu' ils aient couru

Plus-que-parfait
que j' eusse couru
que tu eusses couru
qu' il eût couru
que ns eussions couru
que vs eussiez couru
qu' ils eussent couru

CONDITIONNEL

Présent
je courrais
tu courrais
il courrait
ns courrions
vs courriez
ils courraient

Passé 1ʳᵉ forme
j' aurais couru
tu aurais couru
il aurait couru
ns aurions couru
vs auriez couru
ils auraient couru

Passé 2ᵉ forme
j' eusse couru
tu eusses couru
il eût couru
ns eussions couru
vs eussiez couru
ils eussent couru

IMPÉRATIF

Présent
cours courons courez

Passé
aie couru ayons couru ayez couru

INFINITIF

Présent
courir

Passé
avoir couru

PARTICIPE

Présent
courant

Passé
couru, e

Passé composé
ayant couru

46

INDICATIF

Présent
je meurs
tu meurs
il meurt
ns mourons
vs mourez
ils meurent

Passé composé
je suis mort
tu es mort
il est mort
ns sommes morts
vs êtes morts
ils sont morts

Imparfait
je mourais
tu mourais
il mourait
ns mourions
vs mouriez
ils mouraient

Plus-que-parfait
j' étais mort
tu étais mort
il était mort
ns étions morts
vs étiez morts
ils étaient morts

Passé simple
je mourus
tu mourus
il mourut
ns mourûmes
vs mourûtes
ils moururent

Passé antérieur
je fus mort
tu fus mort
il fut mort
ns fûmes morts
vs fûtes morts
ils furent morts

Futur simple
je mourrai
tu mourras
il mourra
ns mourrons
vs mourrez
ils mourront

Futur antérieur
je serai mort
tu seras mort
il sera mort
ns serons morts
vs serez morts
ils seront morts

SUBJONCTIF

Présent
que je meure
que tu meures
qu il meure
que ns mourions
que vs mouriez
qu ils meurent

Imparfait
que je mourusse
que tu mourusses
qu il mourût
que ns mourussions
que vs mourussiez
qu ils mourussent

Passé
que je sois mort
que tu sois mort
qu il soit mort
que ns soyons morts
que vs soyez morts
qu ils soient morts

Plus-que-parfait
que je fusse mort
que tu fusses mort
qu il fût mort
que ns fussions morts
que vs fussiez morts
qu ils fussent morts

CONDITIONNEL

Présent
je mourrais
tu mourrais
il mourrait
ns mourrions
vs mourriez
ils mourraient

Passé 1ʳᵉ forme
je serais mort
tu serais mort
il serait mort
ns serions morts
vs seriez morts
ils seraient morts

Passé 2ᵉ forme
je fusse mort
tu fusses mort
il fût mort
ns fussions morts
vs fussiez morts
ils fussent morts

IMPÉRATIF

Présent
meurs mourons mourez

Passé
sois mort soyons morts soyez morts

INFINITIF

Présent
mourir

Passé
être mort

PARTICIPE

Présent
mourant

Passé
mort, te

Passé composé
étant mort

INDICATIF

Présent

je	viens
tu	viens
il	vient
ns	venons
vs	venez
ils	viennent

Passé composé

je	suis	venu
tu	es	venu
il	est	venu
ns	sommes	venus
vs	êtes	venus
ils	sont	venus

Imparfait

je	venais
tu	venais
il	venait
ns	venions
vs	veniez
ils	venaient

Plus-que-parfait

j'	étais	venu
tu	étais	venu
il	était	venu
ns	étions	venus
vs	étiez	venus
ils	étaient	venus

Passé simple

je	vins
tu	vins
il	vint
ns	**vînmes**
vs	**vîntes**
ils	vinrent

Passé antérieur

je	fus	venu
tu	fus	venu
il	fut	venu
ns	fûmes	venus
vs	fûtes	venus
ils	furent	venus

Futur simple

je	viendrai
tu	viendras
il	viendra
ns	viendrons
vs	viendrez
ils	viendront

Futur antérieur

je	serai	venu
tu	seras	venu
il	sera	venu
ns	serons	venus
vs	serez	venus
ils	seront	venus

SUBJONCTIF

Présent

que	je	vienne
que	tu	viennes
qu'	il	vienne
que	ns	venions
que	vs	veniez
qu'	ils	viennent

Imparfait

que	je	vinsse
que	tu	vinsses
qu'	il	vînt
que	ns	vinssions
que	vs	vinssiez
qu'	ils	vinssent

Passé

que	je	sois	venu
que	tu	sois	venu
qu'	il	soit	venu
que	ns	soyons	venus
que	vs	soyez	venus
qu'	ils	soient	venus

Plus-que-parfait

que	je	fusse	venu
que	tu	fusses	venu
qu'	il	fût	venu
que	ns	fussions	venus
que	vs	fussiez	venus
qu'	ils	fussent	venus

CONDITIONNEL

Présent

je	viendrais
tu	viendrais
il	viendrait
ns	viendrions
vs	viendriez
ils	viendraient

Passé 1re forme

je	serais	venu
tu	serais	venu
il	serait	venu
ns	serions	venus
vs	seriez	venus
ils	seraient	venus

Passé 2e forme

je	fusse	venu
tu	fusses	venu
il	fût	venu
ns	fussions	venus
vs	fussiez	venus
ils	fussent	venus

IMPÉRATIF

Présent

viens   venons   venez

Passé

sois venu   soyons venus   soyez venus

INFINITIF

Présent

venir

Passé

être venu

PARTICIPE

Présent

venant

Passé

venu, e

Passé composé

étant venu

3ᵉ groupe — ACQUÉRIR — 28

INDICATIF

Présent
j' acquiers
tu acquiers
il acquiert
ns acquérons
vs acquérez
ils acquièrent

Passé composé
j' ai acquis
tu as acquis
il a acquis
ns avons acquis
vs avez acquis
ils ont acquis

Imparfait
j' acquérais
tu acquérais
il acquérait
ns acquérions
vs acquériez
ils acquéraient

Plus-que-parfait
j' avais acquis
tu avais acquis
il avait acquis
ns avions acquis
vs aviez acquis
ils avaient acquis

Passé simple
j' acquis
tu acquis
il acquit
ns acquîmes
vs acquîtes
ils acquirent

Passé antérieur
j' eus acquis
tu eus acquis
il eut acquis
ns eûmes acquis
vs eûtes acquis
ils eurent acquis

Futur simple
j' acquerrai
tu acquerras
il acquerra
ns acquerrons
vs acquerrez
ils acquerront

Futur antérieur
j' aurai acquis
tu auras acquis
il aura acquis
ns aurons acquis
vs aurez acquis
ils auront acquis

SUBJONCTIF

Présent
que j' acquière
que tu acquières
qu' il acquière
que ns acquérions
que vs acquériez
qu' ils acquièrent

Imparfait
que j' acquisse
que tu acquisses
qu' il acquît
que ns acquissions
que vs acquissiez
qu' ils acquissent

Passé
que j' aie acquis
que tu aies acquis
qu' il ait acquis
que ns ayons acquis
que vs ayez acquis
qu' ils aient acquis

Plus-que-parfait
que j' eusse acquis
que tu eusses acquis
qu' il eût acquis
que ns eussions acquis
que vs eussiez acquis
qu' ils eussent acquis

CONDITIONNEL

Présent
j' acquerrais
tu acquerrais
il acquerrait
ns acquerrions
vs acquerriez
ils acquerraient

Passé 1ʳᵉ forme
j' aurais acquis
tu aurais acquis
il aurait acquis
ns aurions acquis
vs auriez acquis
ils auraient acquis

Passé 2ᵉ forme
j' eusse acquis
tu eusses acquis
il eût acquis
ns eussions acquis
vs eussiez acquis
ils eussent acquis

IMPÉRATIF

Présent
acquiers acquérons acquérez

Passé
aie acquis ayons acquis ayez acquis

INFINITIF

Présent
acquérir

Passé
avoir acquis

PARTICIPE

Présent
acquérant

Passé
acquis, se

Passé composé
ayant acquis

49

INDICATIF

Présent
j'	offre
tu	offres
il	offre
ns	offrons
vs	offrez
ils	offrent

Passé composé
j'	ai	offert
tu	as	offert
il	a	offert
ns	avons	offert
vs	avez	offert
ils	ont	offert

Imparfait
j'	offrais
tu	offrais
il	offrait
ns	offrions
vs	offriez
ils	offraient

Plus-que-parfait
j'	avais	offert
tu	avais	offert
il	avait	offert
ns	avions	offert
vs	aviez	offert
ils	avaient	offert

Passé simple
j'	offris
tu	offris
il	offrit
ns	offrîmes
vs	offrîtes
ils	offrirent

Passé antérieur
j'	eus	offert
tu	eus	offert
il	eut	offert
ns	eûmes	offert
vs	eûtes	offert
ils	eurent	offert

Futur simple
j'	offrirai
tu	offriras
il	offrira
ns	offrirons
vs	offrirez
ils	offriront

Futur antérieur
j'	aurai	offert
tu	auras	offert
il	aura	offert
ns	aurons	offert
vs	aurez	offert
ils	auront	offert

SUBJONCTIF

Présent
que	j'	offre
que	tu	offres
qu'	il	offre
que	ns	offrions
que	vs	offriez
qu'	ils	offrent

Imparfait
que	j'	offrisse
que	tu	offrisses
qu'	il	offrît
que	ns	offrissions
que	vs	offrissiez
qu'	ils	offrissent

Passé
que	j'	aie	offert
que	tu	aies	offert
qu'	il	ait	offert
que	ns	ayons	offert
que	vs	ayez	offert
qu'	ils	aient	offert

Plus-que-parfait
que	j'	eusse	offert
que	tu	eusses	offert
qu'	il	eût	offert
que	ns	eussions	offert
que	vs	eussiez	offert
qu'	ils	eussent	offert

CONDITIONNEL

Présent
j'	offrirais
tu	offrirais
il	offrirait
ns	offririons
vs	offririez
ils	offriraient

Passé 1re forme
j'	aurais	offert
tu	aurais	offert
il	aurait	offert
ns	aurions	offert
vs	auriez	offert
ils	auraient	offert

Passé 2e forme
j'	eusse	offert
tu	eusses	offert
il	eût	offert
ns	eussions	offert
vs	eussiez	offert
ils	eussent	offert

IMPÉRATIF

Présent
offre   offrons   offrez

Passé
aie offert   ayons offert   ayez offert

INFINITIF

Présent	Passé
offrir	avoir offert

PARTICIPE

Présent	Passé	Passé composé
offrant	offert, te	ayant offert

INDICATIF

Présent
je cueille
tu cueilles
il cueille
ns cueillons
vs cueillez
ils cueillent

Passé composé
j' ai cueilli
tu as cueilli
il a cueilli
ns avons cueilli
vs avez cueilli
ils ont cueilli

Imparfait
je cueillais
tu cueillais
il cueillait
ns cueillions
vs cueilliez
ils cueillaient

Plus-que-parfait
j' avais cueilli
tu avais cueilli
il avait cueilli
ns avions cueilli
vs aviez cueilli
ils avaient cueilli

Passé simple
je cueillis
tu cueillis
il cueillit
ns cueillîmes
vs cueillîtes
ils cueillirent

Passé antérieur
j' eus cueilli
tu eus cueilli
il eut cueilli
ns eûmes cueilli
vs eûtes cueilli
ils eurent cueilli

Futur simple
je cueillerai
tu cueilleras
il cueillera
ns cueillerons
vs cueillerez
ils cueilleront

Futur antérieur
j' aurai cueilli
tu auras cueilli
il aura cueilli
ns aurons cueilli
vs aurez cueilli
ils auront cueilli

SUBJONCTIF

Présent
que je cueille
que tu cueilles
qu' il cueille
que ns cueillions
que vs cueilliez
qu' ils cueillent

Imparfait
que je cueillisse
que tu cueillisses
qu' il cueillît
que ns cueillissions
que vs cueillissiez
qu' ils cueillissent

Passé
que j' aie cueilli
que tu aies cueilli
qu' il ait cueilli
que ns ayons cueilli
que vs ayez cueilli
qu' ils aient cueilli

Plus-que-parfait
que j' eusse cueilli
que tu eusses cueilli
qu' il eût cueilli
que ns eussions cueilli
que vs eussiez cueilli
qu' ils eussent cueilli

CONDITIONNEL

Présent
je cueillerais
tu cueillerais
il cueillerait
ns cueillerions
vs cueilleriez
ils cueilleraient

Passé 1re forme
j' aurais cueilli
tu aurais cueilli
il aurait cueilli
ns aurions cueilli
vs auriez cueilli
ils auraient cueilli

Passé 2e forme
j' eusse cueilli
tu eusses cueilli
il eût cueilli
ns eussions cueilli
vs eussiez cueilli
ils eussent cueilli

IMPÉRATIF

Présent
cueille   cueillons   cueillez

Passé
aie cueilli   ayons cueilli   ayez cueilli

INFINITIF

Présent
cueillir

Passé
avoir cueilli

PARTICIPE

Présent
cueillant

Passé
cueilli, e

Passé composé
ayant cueilli

INDICATIF

Présent		Passé composé	
j'	assaille	j'	ai assailli
tu	assailles	tu	as assailli
il	assaille	il	a assailli
ns	assaillons	ns	avons assailli
vs	assaillez	vs	avez assailli
ils	assaillent	ils	ont assailli

Imparfait		Plus-que-parfait	
j'	assaillais	j'	avais assailli
tu	assaillais	tu	avais assailli
il	assaillait	il	avait assailli
ns	assaillions	ns	avions assailli
vs	assailliez	vs	aviez assailli
ils	assaillaient	ils	avaient assailli

Passé simple		Passé antérieur	
j'	assaillis	j'	eus assailli
tu	assaillis	tu	eus assailli
il	assaillit	il	eut assailli
ns	assaillîmes	ns	eûmes assailli
vs	assaillîtes	vs	eûtes assailli
ils	assaillirent	ils	eurent assailli

Futur simple		Futur antérieur	
j' *	assaillirai	j'	aurai assailli
tu	assailliras	tu	auras assailli
il	assaillira	il	aura assailli
ns	assaillirons	ns	aurons assailli
vs	assaillirez	vs	aurez assailli
ils	assailliront	ils	auront assailli

SUBJONCTIF

Présent		
que j'	assaille	
que tu	assailles	
qu' il	assaille	
que ns	assaillions	
que vs	assailliez	
qu' ils	assaillent	

Imparfait		
que j'	assaillisse	
que tu	assaillisses	
qu' il	assaillît	
que ns	assaillissions	
que vs	assaillissiez	
qu' ils	assaillissent	

Passé		
que j'	aie	assailli
que tu	aies	assailli
qu' il	ait	assailli
que ns	ayons	assailli
que vs	ayez	assailli
qu' ils	aient	assailli

Plus-que-parfait		
que j'	eusse	assailli
que tu	eusses	assailli
qu' il	eût	assailli
que ns	eussions	assailli
que vs	eussiez	assailli
qu' ils	eussent	assailli

CONDITIONNEL

Présent		Passé 1ʳᵉ forme		Passé 2ᵉ forme	
j'	assaillirais	j'	aurais assailli	j'	eusse assailli
tu	assaillirais	tu	aurais assailli	tu	eusses assailli
il	assaillirait	il	aurait assailli	il	eût assailli
ns	assaillirions	ns	aurions assailli	ns	eussions assailli
vs	assailliriez	vs	auriez assailli	vs	eussiez assailli
ils	assailliraient	ils	auraient assailli	ils	eussent assailli

IMPÉRATIF

Présent			Passé		
assaille	assaillons	assaillez	aie assailli	ayons assailli	ayez assailli

INFINITIF

Présent	Passé
assaillir	avoir assailli

PARTICIPE

Présent	Passé	Passé composé
assaillant	assailli, e	ayant assailli

INDICATIF

Présent
je faillis
tu faillis
il faillit
ns faillissons
vs faillissez
ils faillissent

Passé composé
j' ai failli
tu as failli
il a failli
ns avons failli
vs avez failli
ils ont failli

Imparfait
je faillissais
tu faillissais
il faillissait
ns faillissions
vs faillissiez
ils faillissaient

Plus-que-parfait
j' avais failli
tu avais failli
il avait failli
ns avions failli
vs aviez failli
ils avaient failli

Passé simple
je faillis
tu faillis
il faillit
ns faillîmes
vs faillîtes
ils faillirent

Passé antérieur
j' eus failli
tu eus failli
il eut failli
ns eûmes failli
vs eûtes failli
ils eurent failli

Futur simple
je faillirai
tu failliras
il faillira
ns faillirons
vs faillirez
ils failliront

Futur antérieur
j' aurai failli
tu auras failli
il aura failli
ns aurons failli
vs aurez failli
ils auront failli

SUBJONCTIF

Présent
que je faillisse
que tu faillisses
qu' il faillisse
que ns faillissions
que vs faillissiez
qu' ils faillissent

Imparfait
que je faillisse
que tu faillisses
qu' il faillît
que ns faillissions
que vs faillissiez
qu' ils faillissent

Passé
que j' aie failli
que tu aies failli
qu' il ait failli
que ns ayons failli
que vs ayez failli
qu' ils aient failli

Plus-que-parfait
que j' eusse failli
que tu eusses failli
qu' il eût failli
que ns eussions failli
que vs eussiez failli
qu' ils eussent failli

CONDITIONNEL

Présent
je faillirais
tu faillirais
il faillirait
ns faillirions
vs failliriez
ils failliraient

Passé 1ʳᵉ forme
j' aurais failli
tu aurais failli
il aurait failli
ns aurions failli
vs auriez failli
ils auraient failli

Passé 2ᵉ forme
j' eusse failli
tu eusses failli
il eût failli
ns eussions failli
vs eussiez failli
ils eussent failli

IMPÉRATIF

Présent
faillis   faillissons   faillissez

Passé
aie failli   ayons failli   ayez failli

INFINITIF

Présent
faillir

Passé
avoir failli

PARTICIPE

Présent
faillissant

Passé
failli

Passé composé
ayant failli

INDICATIF		SUBJONCTIF	

Présent
je fuis		**Passé composé**	
je	fuis	j'	ai	fui
tu	fuis	tu	as	fui
il	fuit	il	a	fui
ns	fuyons	ns	avons	fui
vs	fuyez	vs	avez	fui
ils	fuient	ils	ont	fui

Présent
que je	fuie
que tu	fuies
qu' il	fuie
que ns	fuyions
que vs	fuyiez
qu' ils	fuient

Imparfait
je	fuyais
tu	fuyais
il	fuyait
ns	fuyions
vs	fuyiez
ils	fuyaient

Plus-que-parfait
j'	avais	fui
tu	avais	fui
il	avait	fui
ns	avions	fui
vs	aviez	fui
ils	avaient	fui

Imparfait
que je	fuisse
que tu	fuisses
qu' il	fuît
que ns	fuissions
que vs	fuissiez
qu' ils	fuissent

Passé simple
je	fuis
tu	fuis
il	fuit
ns	fuîmes
vs	fuîtes
ils	fuirent

Passé antérieur
j'	eus	fui
tu	eus	fui
il	eut	fui
ns	eûmes	fui
vs	eûtes	fui
ils	eurent	fui

Passé
que j'	aie	fui
que tu	aies	fui
qu' il	ait	fui
que ns	ayons	fui
que vs	ayez	fui
qu' ils	aient	fui

Futur simple
je	fuirai
tu	fuiras
il	fuira
ns	fuirons
vs	fuirez
ils	fuiront

Futur antérieur
j'	aurai	fui
tu	auras	fui
il	aura	fui
ns	aurons	fui
vs	aurez	fui
ils	auront	fui

Plus-que-parfait
que j'	eusse	fui
que tu	eusses	fui
qu' il	eût	fui
que ns	eussions	fui
que vs	eussiez	fui
qu' ils	eussent	fui

CONDITIONNEL		

Présent
je	fuirais
tu	fuirais
il	fuirait
ns	fuirions
vs	fuiriez
ils	fuiraient

Passé 1re forme
j'	aurais	fui
tu	aurais	fui
il	aurait	fui
ns	aurions	fui
vs	auriez	fui
ils	auraient	fui

Passé 2e forme
j'	eusse	fui
tu	eusses	fui
il	eût	fui
ns	eussions	fui
vs	eussiez	fui
ils	eussent	fui

IMPÉRATIF	

Présent
fuis	fuyons	fuyez

Passé
aie fui	ayons fui	ayez fui

INFINITIF		PARTICIPE		

Présent	**Passé**	**Présent**	**Passé**	**Passé composé**
fuir	avoir fui	fuyant	fui, e	ayant fui

INDICATIF		SUBJONCTIF
		inusité

Présent   **Passé composé**
je gis   *inusité*
tu gis
il gît
ns gisons
vs gisez
ils gisent

Imparfait   **Plus-que-parfait**
je gisais   *inusité*
tu gisais
il gisait
ns gisions
vs gisiez
ils gisaient

Passé simple   **Passé antérieur**
     inusité   *inusité*

Futur simple   **Futur antérieur**
     inusité   *inusité*

CONDITIONNEL
inusité

IMPÉRATIF
inusité

INFINITIF		PARTICIPE		
Présent	**Passé**	**Présent**	**Passé**	**Passé composé**
gésir	*inusité*	gisant	*inusité*	*inusité*

INDICATIF

Présent
j' ois
tu ois
il oit
ns oyons
vs oyez
ils oient

Passé composé
j' ai ouï
tu as ouï
il a ouï
ns avons ouï
vs avez ouï
ils ont ouï

Imparfait
j' oyais
tu oyais
il oyait
ns oyions
vs oyiez
ils oyaient

Plus-que-parfait
j' avais ouï
tu avais ouï
il avait ouï
ns avions ouï
vs aviez ouï
ils avaient ouï

Passé simple
j' ouïs
tu ouïs
il ouït
ns ouïmes
vs ouïtes
ils ouïrent

Passé antérieur
j' eus ouï
tu eus ouï
il eut ouï
ns eûmes ouï
vs eûtes ouï
ils eurent ouï

Futur simple
j' ouïrai
tu ouïras
il ouïra
ns ouïrons
vs ouïrez
ils ouïront

Futur antérieur
j' aurai ouï
tu auras ouï
il aura ouï
ns aurons ouï
vs aurez ouï
ils auront ouï

SUBJONCTIF

Présent
que j' oie
que tu oies
qu' il oie
que ns oyions
que vs oyiez
qu' ils oient

Imparfait
que j' ouïsse
que tu ouïsses
qu' il ouït
que ns ouïssions
que vs ouïssiez
qu' ils ouïssent

Passé
que j' aie ouï
que tu aies ouï
qu' il ait ouï
que ns ayons ouï
que vs ayez ouï
qu' ils aient ouï

Plus-que-parfait
que j' eusse ouï
que tu eusses ouï
qu' il eût ouï
que ns eussions ouï
que vs eussiez ouï
qu' ils eussent ouï

CONDITIONNEL

Présent
j' ouïrais
tu ouïrais
il ouïrait
ns ouïrions
vs ouïriez
ils ouïraient

Passé 1ʳᵉ forme
j' aurais ouï
tu aurais ouï
il aurait ouï
ns aurions ouï
vs auriez ouï
ils auraient ouï

Passé 2ᵉ forme
j' eusse ouï
tu eusses ouï
il eût ouï
ns eussions ouï
vs eussiez ouï
ils eussent ouï

IMPÉRATIF

Présent
ois oyons oyez

Passé
aie ouï ayons ouï ayez ouï

INFINITIF

Présent ouïr
Passé avoir ouï

PARTICIPE

Présent oyant
Passé ouï, ouïe
Passé composé ayant ouï

INDICATIF

Présent	Passé composé	
je reçois	j' ai	reçu
tu reçois	tu as	reçu
il reçoit	il a	reçu
ns recevons	ns avons	reçu
vs recevez	vs avez	reçu
ils reçoivent	ils ont	reçu

Imparfait	Plus-que-parfait	
je recevais	j' avais	reçu
tu recevais	tu avais	reçu
il recevait	il avait	reçu
ns recevions	ns avions	reçu
vs receviez	vs aviez	reçu
ils recevaient	ils avaient	reçu

Passé simple	Passé antérieur	
je reçus	j' eus	reçu
tu reçus	tu eus	reçu
il reçut	il eut	reçu
ns reçûmes	ns eûmes	reçu
vs reçûtes	vs eûtes	reçu
ils reçurent	ils eurent	reçu

Futur simple	Futur antérieur	
je recevrai	j' aurai	reçu
tu recevras	tu auras	reçu
il recevra	il aura	reçu
ns recevrons	ns aurons	reçu
vs recevrez	vs aurez	reçu
ils recevront	ils auront	reçu

SUBJONCTIF

Présent	
que je reçoive	
que tu reçoives	
qu' il reçoive	
que ns recevions	
que vs receviez	
qu' ils reçoivent	

Imparfait	
que je reçusse	
que tu reçusses	
qu' il reçût	
que ns reçussions	
que vs reçussiez	
qu' ils reçussent	

Passé		
que j' aie	reçu
que tu aies	reçu
qu' il ait	reçu
que ns ayons	reçu
que vs ayez	reçu
qu' ils aient	reçu

Plus-que-parfait		
que j' eusse	reçu
que tu eusses	reçu
qu' il eût	reçu
que ns eussions	reçu
que vs eussiez	reçu
qu' ils eussent	reçu

CONDITIONNEL

Présent	Passé 1re forme		Passé 2e forme	
je recevrais	j' aurais	reçu	j' eusse	reçu
tu recevrais	tu aurais	reçu	tu eusses	reçu
il recevrait	il aurait	reçu	il eût	reçu
ns recevrions	ns aurions	reçu	ns eussions	reçu
vs recevriez	vs auriez	reçu	vs eussiez	reçu
ils recevraient	ils auraient	reçu	ils eussent	reçu

IMPÉRATIF

Présent			Passé		
reçois	recevons	recevez	aie reçu	ayons reçu	ayez reçu

INFINITIF

Présent	Passé
recevoir	avoir reçu

PARTICIPE

Présent	Passé	Passé composé
recevant	reçu, e	ayant reçu

INDICATIF

Présent		Passé composé		
je	vois	j'	ai	vu
tu	vois	tu	as	vu
il	voit	il	a	vu
ns	voyons	ns	avons	vu
vs	voyez	vs	avez	vu
ils	voient	ils	ont	vu

Imparfait		Plus-que-parfait		
je	voyais	j'	avais	vu
tu	voyais	tu	avais	vu
il	voyait	il	avait	vu
ns	voyions	ns	avions	vu
vs	voyiez	vs	aviez	vu
ils	voyaient	ils	avaient	vu

Passé simple		Passé antérieur		
je	vis	j'	eus	vu
tu	vis	tu	eus	vu
il	vit	il	eut	vu
ns	vîmes	ns	eûmes	vu
vs	vîtes	vs	eûtes	vu
ils	virent	ils	eurent	vu

Futur simple		Futur antérieur		
je	verrai	j'	aurai	vu
tu	verras	tu	auras	vu
il	verra	il	aura	vu
ns	verrons	ns	aurons	vu
vs	verrez	vs	aurez	vu
ils	verront	ils	auront	vu

SUBJONCTIF

Présent		
que je	voie	
que tu	voies	
qu' il	voie	
que ns	voyions	
que vs	voyiez	
qu' ils	voient	

Imparfait		
que je	visse	
que tu	visses	
qu' il	vît	
que ns	vissions	
que vs	vissiez	
qu' ils	vissent	

Passé		
que j'	aie	vu
que tu	aies	vu
qu' il	ait	vu
que ns	ayons	vu
que vs	ayez	vu
qu' ils	aient	vu

Plus-que-parfait		
que j'	eusse	vu
que tu	eusses	vu
qu' il	eût	vu
que ns	eussions	vu
que vs	eussiez	vu
qu' ils	eussent	vu

CONDITIONNEL

Présent		Passé 1ʳᵉ forme			Passé 2ᵉ forme		
je	verrais	j'	aurais	vu	j'	eusse	vu
tu	verrais	tu	aurais	vu	tu	eusses	vu
il	verrait	il	aurait	vu	il	eût	vu
ns	verrions	ns	aurions	vu	ns	eussions	vu
vs	verriez	vs	auriez	vu	vs	eussiez	vu
ils	verraient	ils	auraient	vu	ils	eussent	vu

IMPÉRATIF

Présent			Passé		
vois	voyons	voyez	aie vu	ayons vu	ayez vu

INFINITIF

Présent	Passé
voir	avoir vu

PARTICIPE

Présent	Passé	Passé composé
voyant	vu, e	ayant vu

INDICATIF

Présent
je prévois
tu prévois
il prévoit
ns prévoyons
vs prévoyez
ils prévoient

Passé composé
j' ai prévu
tu as prévu
il a prévu
ns avons prévu
vs avez prévu
ils ont prévu

Imparfait
je prévoyais
tu prévoyais
il prévoyait
ns prévoyions
vs prévoyiez
ils prévoyaient

Plus-que-parfait
j' avais prévu
tu avais prévu
il avait prévu
ns avions prévu
vs aviez prévu
ils avaient prévu

Passé simple
je prévis
tu prévis
il prévit
ns prévîmes
vs prévîtes
ils prévirent

Passé antérieur
j' eus prévu
tu eus prévu
il eut prévu
ns eûmes prévu
vs eûtes prévu
ils eurent prévu

Futur simple
je prévoirai
tu prévoiras
il prévoira
ns prévoirons
vs prévoirez
ils prévoiront

Futur antérieur
j' aurai prévu
tu auras prévu
il aura prévu
ns aurons prévu
vs aurez prévu
ils auront prévu

SUBJONCTIF

Présent
que je prévoie
que tu prévoies
qu' il prévoie
que ns prévoyions
que vs prévoyiez
qu' ils prévoient

Imparfait
que je prévisse
que tu prévisses
qu' il prévît
que ns prévissions
que vs prévissiez
qu' ils prévissent

Passé
que j' aie prévu
que tu aies prévu
qu' il ait prévu
que ns ayons prévu
que vs ayez prévu
qu' ils aient prévu

Plus-que-parfait
que j' eusse prévu
que tu eusses prévu
qu' il eût prévu
que ns eussions prévu
que vs eussiez prévu
qu' ils eussent prévu

CONDITIONNEL

Présent
je prévoirais
tu prévoirais
il prévoirait
ns prévoirions
vs prévoiriez
ils prévoiraient

Passé 1re forme
j' aurais prévu
tu aurais prévu
il aurait prévu
ns aurions prévu
vs auriez prévu
ils auraient prévu

Passé 2e forme
j' eusse prévu
tu eusses prévu
il eût prévu
ns eussions prévu
vs eussiez prévu
ils eussent prévu

IMPÉRATIF

Présent
prévois   prévoyons   prévoyez

Passé
aie prévu   ayons prévu   ayez prévu

INFINITIF

Présent
prévoir

Passé
avoir prévu

PARTICIPE

Présent
prévoyant

Passé
prévu, e

Passé composé
ayant prévu

POURVOIR

INDICATIF

Présent
je pourvois
tu pourvois
il pourvoit
ns pourvoyons
vs pourvoyez
ils pourvoient

Passé composé
j' ai pourvu
tu as pourvu
il a pourvu
ns avons pourvu
vs avez pourvu
ils ont pourvu

Imparfait
je pourvoyais
tu pourvoyais
il pourvoyait
ns pourvoyions
vs pourvoyiez
ils pourvoyaient

Plus-que-parfait
j' avais pourvu
tu avais pourvu
il avait pourvu
ns avions pourvu
vs aviez pourvu
ils avaient pourvu

Passé simple
je pourvus
tu pourvus
il pourvut
ns pourvûmes
vs pourvûtes
ils pourvurent

Passé antérieur
j' eus pourvu
tu eus pourvu
il eut pourvu
ns eûmes pourvu
vs eûtes pourvu
ils eurent pourvu

Futur simple
je pourvoirai
tu pourvoiras
il pourvoira
ns pourvoirons
vs pourvoirez
ils pourvoiront

Futur antérieur
j' aurai pourvu
tu auras pourvu
il aura pourvu
ns aurons pourvu
vs aurez pourvu
ils auront pourvu

SUBJONCTIF

Présent
que je pourvoie
que tu pourvoies
qu' il pourvoie
que ns pourvoyions
que vs pourvoyiez
qu' ils pourvoient

Imparfait
que je pourvusse
que tu pourvusses
qu' il pourvût
que ns pourvussions
que vs pourvussiez
qu' ils pourvussent

Passé
que j' aie pourvu
que tu aies pourvu
qu' il ait pourvu
que ns ayons pourvu
que vs ayez pourvu
qu' ils aient pourvu

Plus-que-parfait
que j' eusse pourvu
que tu eusses pourvu
qu' il eût pourvu
que ns eussions pourvu
que vs eussiez pourvu
qu' ils eussent pourvu

CONDITIONNEL

Présent
je pourvoirais
tu pourvoirais
il pourvoirait
ns pourvoirions
vs pourvoiriez
ils pourvoiraient

Passé 1re forme
j' aurais pourvu
tu aurais pourvu
il aurait pourvu
ns aurions pourvu
vs auriez pourvu
ils auraient pourvu

Passé 2e forme
j' eusse pourvu
tu eusses pourvu
il eût pourvu
ns eussions pourvu
vs eussiez pourvu
ils eussent pourvu

IMPÉRATIF

Présent
pourvois   pourvoyons   pourvoyez

Passé
aie pourvu   ayons pourvu   ayez pourvu

INFINITIF

Présent
pourvoir

Passé
avoir pourvu

PARTICIPE

Présent
pourvoyant

Passé
pourvu, e

Passé composé
ayant pourvu

INDICATIF

Présent	ou	Passé composé
j' assieds	assois	j' ai assis
tu assieds	assois	tu as assis
il assied	assoit	il a assis
ns asseyons	assoyons	ns avons assis
vs asseyez	assoyez	vs avez assis
ils asseyent	assoient	ils ont assis

Imparfait	ou	Plus-que-parfait
j' asseyais	assoyais	j' avais assis
tu asseyais	assoyais	tu avais assis
il asseyait	assoyait	il avait assis
ns asseyions	assoyions	ns avions assis
vs asseyiez	assoyiez	vs aviez assis
ils asseyaient	assoyaient	ils avaient assis

Passé simple		Passé antérieur
j' assis		j' eus assis
tu assis		tu eus assis
il assit		il eut assis
ns assîmes		ns eûmes assis
vs assîtes		vs eûtes assis
ils assirent		ils eurent assis

Futur simple	ou	Futur antérieur
j' assiérai	assoirai	j' aurai assis
tu assiéras	assoiras	tu auras assis
il assiéra	assoira	il aura assis
ns assiérons	assoirons	ns aurons assis
vs assiérez	assoirez	vs aurez assis
ils assiéront	assoiront	ils auront assis

SUBJONCTIF

Présent	ou
que j' asseye	assoie
que tu asseyes	assoies
qu' il asseye	assoie
que ns asseyions	assoyions
que vs asseyiez	assoyiez
qu' ils asseyent	assoient

Imparfait	
que j' assisse	
que tu assisses	
qu' il assît	
que ns assissions	
que vs assissiez	
qu' ils assissent	

Passé	
que j' aie assis
que tu aies assis
qu' il ait assis
que ns ayons assis
que vs ayez assis
qu' ils aient assis

Plus-que-parfait	
que j' eusse assis
que tu eusses assis
qu' il eût assis
que ns eussions assis
que vs eussiez assis
qu' ils eussent assis

CONDITIONNEL

Présent	ou	Passé 1re forme	Passé 2e forme
j' assiérais	assoirais	j' aurais assis	j' eusse assis
tu assiérais	assoirais	tu aurais assis	tu eusses assis
il assiérait	assoirait	il aurait assis	il eût assis
ns assiérions	assoirions	ns aurions assis	ns eussions assis
vs assiériez	assoiriez	vs auriez assis	vs eussiez assis
ils assiéraient	assoiraient	ils auraient assis	ils eussent assis

IMPÉRATIF

Présent			Passé		
assieds	asseyons	asseyez	aie assis	ayons assis	ayez assis
ou assois	ou assoyons	ou assoyez			

INFINITIF

Présent	Passé
asseoir	avoir assis

PARTICIPE

Présent	Passé	Passé composé
asseyant	assis, se	ayant assis
ou assoyant		

INDICATIF		SUBJONCTIF

Présent
je sursois
tu sursois
il sursoit
ns sursoyons
vs sursoyez
ils sursoient

Passé composé
j' ai sursis
tu as sursis
il a sursis
ns avons sursis
vs avez sursis
ils ont sursis

Présent
que je sursoie
que tu sursoies
qu' il sursoie
que ns sursoyions
que vs sursoyiez
qu' ils sursoient

Imparfait
je sursoyais
tu sursoyais
il sursoyait
ns sursoyions
vs sursoyiez
ils sursoyaient

Plus-que-parfait
j' avais sursis
tu avais sursis
il avait sursis
ns avions sursis
vs aviez sursis
ils avaient sursis

Imparfait
que je sursisse
que tu sursisses
qu' il sursît
que ns sursissions
que vs sursissiez
qu' ils sursissent

Passé simple
je sursis
tu sursis
il sursit
ns sursîmes
vs sursîtes
ils sursirent

Passé antérieur
j' eus sursis
tu eus sursis
il eut sursis
ns eûmes sursis
vs eûtes sursis
ils eurent sursis

Passé
que j' aie sursis
que tu aies sursis
qu' il ait sursis
que ns ayons sursis
que vs ayez sursis
qu' ils aient sursis

Futur simple
je surseoirai
tu surseoiras
il surseoira
ns surseoirons
vs surseoirez
ils surseoiront

Futur antérieur
j' aurai sursis
tu auras sursis
il aura sursis
ns aurons sursis
vs aurez sursis
ils auront sursis

Plus-que-parfait
que j' eusse sursis
que tu eusses sursis
qu' il eût sursis
que ns eussions sursis
que vs eussiez sursis
qu' ils eussent sursis

CONDITIONNEL		

Présent
je surseoirais
tu surseoirais
il surseoirait
ns surseoirions
vs surseoiriez
ils surseoiraient

Passé 1ʳᵉ forme
j' aurais sursis
tu aurais sursis
il aurait sursis
ns aurions sursis
vs auriez sursis
ils auraient sursis

Passé 2ᵉ forme
j' eusse sursis
tu eusses sursis
il eût sursis
ns eussions sursis
vs eussiez sursis
ils eussent sursis

IMPÉRATIF	

Présent
sursois sursoyons sursoyez

Passé
aie sursis ayons sursis ayez sursis

INFINITIF	PARTICIPE

Présent **Passé**
surseoir avoir sursis

Présent **Passé** **Passé composé**
sursoyant sursis, se ayant sursis

INDICATIF

Présent

je	sais
tu	sais
il	sait
ns	savons
vs	savez
ils	savent

Passé composé

j'	ai	su
tu	as	su
il	a	su
ns	avons	su
vs	avez	su
ils	ont	su

Imparfait

je	savais
tu	savais
il	savait
ns	savions
vs	saviez
ils	savaient

Plus-que-parfait

j'	avais	su
tu	avais	su
il	avait	su
ns	avions	su
vs	aviez	su
ils	avaient	su

Passé simple

je	sus
tu	sus
il	sut
ns	sûmes
vs	sûtes
ils	surent

Passé antérieur

j'	eus	su
tu	eus	su
il	eut	su
ns	eûmes	su
vs	eûtes	su
ils	eurent	su

Futur simple

je	saurai
tu	sauras
il	saura
ns	saurons
vs	saurez
ils	sauront

Futur antérieur

j'	aurai	su
tu	auras	su
il	aura	su
ns	aurons	su
vs	aurez	su
ils	auront	su

SUBJONCTIF

Présent

que je	sache
que tu	saches
qu' il	sache
que ns	sachions
que vs	sachiez
qu' ils	sachent

Imparfait

que je	susse
que tu	susses
qu' il	sût
que ns	sussions
que vs	sussiez
qu' ils	sussent

Passé

que j'	aie	su
que tu	aies	su
qu' il	ait	su
que ns	ayons	su
que vs	ayez	su
qu' ils	aient	su

Plus-que-parfait

que j'	eusse	su
que tu	eusses	su
qu' il	eût	su
que ns	eussions	su
que vs	eussiez	su
qu' ils	eussent	su

CONDITIONNEL

Présent

je	saurais
tu	saurais
il	saurait
ns	saurions
vs	sauriez
ils	sauraient

Passé 1re forme

j'	aurais	su
tu	aurais	su
il	aurait	su
ns	aurions	su
vs	auriez	su
ils	auraient	su

Passé 2e forme

j'	eusse	su
tu	eusses	su
il	eût	su
ns	eussions	su
vs	eussiez	su
ils	eussent	su

IMPÉRATIF

Présent

sache   sachons   sachez

Passé

aie su   ayons su   ayez su

INFINITIF

Présent	Passé
savoir	avoir su

PARTICIPE

Présent	Passé	Passé composé
sachant	su, e	ayant su

43 DEVOIR

3e groupe

INDICATIF			SUBJONCTIF	

Présent
je dois
tu dois
il doit
ns devons
vs devez
ils doivent

Passé composé
j' ai dû
tu as dû
il a dû
ns avons dû
vs avez dû
ils ont dû

Présent
que je doive
que tu doives
qu' il doive
que ns devions
que vs deviez
qu' ils doivent

Imparfait
je devais
tu devais
il devait
ns devions
vs deviez
ils devaient

Plus-que-parfait
j' avais dû
tu avais dû
il avait dû
ns avions dû
vs aviez dû
ils avaient dû

Imparfait
que je dusse
que tu dusses
qu' il dût
que ns dussions
que vs dussiez
qu' ils dussent

Passé simple
je dus
tu dus
il dut
ns dûmes
vs dûtes
ils durent

Passé antérieur
j' eus dû
tu eus dû
il eut dû
ns eûmes dû
vs eûtes dû
ils eurent dû

Passé
que j' aie dû
que tu aies dû
qu' il ait dû
que ns ayons dû
que vs ayez dû
qu' ils aient dû

Futur simple
je devrai
tu devras
il devra
ns devrons
vs devrez
ils devront

Futur antérieur
j' aurai dû
tu auras dû
il aura dû
ns aurons dû
vs aurez dû
ils auront dû

Plus-que-parfait
que j' eusse dû
que tu eusses dû
qu' il eût dû
que ns eussions dû
que vs eussiez dû
qu' ils eussent dû

CONDITIONNEL

Présent
je devrais
tu devrais
il devrait
ns devrions
vs devriez
ils devraient

Passé 1re forme
j' aurais dû
tu aurais dû
il aurait dû
ns aurions dû
vs auriez dû
ils auraient dû

Passé 2e forme
j' eusse dû
tu eusses dû
il eût dû
ns eussions dû
vs eussiez dû
ils eussent dû

IMPÉRATIF

inusité

INFINITIF		PARTICIPE		

Présent
devoir

Passé
avoir dû

Présent
devant

Passé
dû, due

Passé composé
ayant dû

INDICATIF

Présent	ou		Passé composé	
je	peux	je puis	j'	ai	pu
tu	peux		tu	as	pu
il	peut		il	a	pu
ns	pouvons		ns	avons	pu
vs	pouvez		vs	avez	pu
ils	peuvent		ils	ont	pu

Imparfait
je pouvais
tu pouvais
il pouvait
ns pouvions
vs pouviez
ils pouvaient

Plus-que-parfait
j' avais pu
tu avais pu
il avait pu
ns avions pu
vs aviez pu
ils avaient pu

Passé simple
je pus
tu pus
il put
ns pûmes
vs pûtes
ils purent

Passé antérieur
j' eus pu
tu eus pu
il eut pu
ns eûmes pu
vs eûtes pu
ils eurent pu

Futur simple
je pourrai
tu pourras
il pourra
ns pourrons
vs pourrez
ils pourront

Futur antérieur
j' aurai pu
tu auras pu
il aura pu
ns aurons pu
vs aurez pu
ils auront pu

SUBJONCTIF

Présent
que je puisse
que tu puisses
qu' il puisse
que ns puissions
que vs puissiez
qu' ils puissent

Imparfait
que je pusse
que tu pusses
qu' il pût
que ns pussions
que vs pussiez
qu' ils pussent

Passé
que j' aie pu
que tu aies pu
qu' il ait pu
que ns ayons pu
que vs ayez pu
qu' ils aient pu

Plus-que-parfait
que j' eusse pu
que tu eusses pu
qu' il eût pu
que ns eussions pu
que vs eussiez pu
qu' ils eussent pu

CONDITIONNEL

Présent
je pourrais
tu pourrais
il pourrait
ns pourrions
vs pourriez
ils pourraient

Passé 1re forme
j' aurais pu
tu aurais pu
il aurait pu
ns aurions pu
vs auriez pu
ils auraient pu

Passé 2e forme
j' eusse pu
tu eusses pu
il eût pu
ns eussions pu
vs eussiez pu
ils eussent pu

IMPÉRATIF

inusité

INFINITIF

Présent pouvoir
Passé avoir pu

PARTICIPE

Présent pouvant
Passé pu
Passé composé ayant pu

INDICATIF

Présent
je veux
tu veux
il veut
ns voulons
vs voulez
ils veulent

Passé composé
j' ai voulu
tu as voulu
il a voulu
ns avons voulu
vs avez voulu
ils ont voulu

Imparfait
je voulais
tu voulais
il voulait
ns voulions
vs vouliez
ils voulaient

Plus-que-parfait
j' avais voulu
tu avais voulu
il avait voulu
ns avions voulu
vs aviez voulu
ils avaient voulu

Passé simple
je voulus
tu voulus
il voulut
ns voulûmes
vs voulûtes
ils voulurent

Passé antérieur
j' eus voulu
tu eus voulu
il eut voulu
ns eûmes voulu
vs eûtes voulu
ils eurent voulu

Futur simple
je voudrai
tu voudras
il voudra
ns voudrons
vs voudrez
ils voudront

Futur antérieur
j' aurai voulu
tu auras voulu
il aura voulu
ns aurons voulu
vs aurez voulu
ils auront voulu

SUBJONCTIF

Présent
que je veuille
que tu veuilles
qu' il veuille
que ns voulions
que vs vouliez
qu' ils veuillent

Imparfait
que je voulusse
que tu voulusses
qu' il voulût
que ns voulussions
que vs voulussiez
qu' ils voulussent

Passé
que j' aie voulu
que tu aies voulu
qu' il ait voulu
que ns ayons voulu
que vs ayez voulu
qu' ils aient voulu

Plus-que-parfait
que j' eusse voulu
que tu eusses voulu
qu' il eût voulu
que ns eussions voulu
que vs eussiez voulu
qu' ils eussent voulu

CONDITIONNEL

Présent
je voudrais
tu voudrais
il voudrait
ns voudrions
vs voudriez
ils voudraient

Passé 1ʳᵉ forme
j' aurais voulu
tu aurais voulu
il aurait voulu
ns aurions voulu
vs auriez voulu
ils auraient voulu

Passé 2ᵉ forme
j' eusse voulu
tu eusses voulu
il eût voulu
ns eussions voulu
vs eussiez voulu
ils eussent voulu

IMPÉRATIF

Présent
veux voulons voulez
ou veuille *ou* veuillez

Passé
aie voulu ayons voulu ayez voulu

INFINITIF

Présent
vouloir

Passé
avoir voulu

PARTICIPE

Présent	Passé	Passé composé
voulant	voulu, e	ayant voulu

INDICATIF

Présent		Passé composé	
je	vaux	j' ai	valu
tu	vaux	tu as	valu
il	vaut	il a	valu
ns	valons	ns avons	valu
vs	valez	vs avez	valu
ils	valent	ils ont	valu

Imparfait		Plus-que-parfait	
je	valais	j' avais	valu
tu	valais	tu avais	valu
il	valait	il avait	valu
ns	valions	ns avions	valu
vs	valiez	vs aviez	valu
ils	valaient	ils avaient	valu

Passé simple		Passé antérieur	
je	valus	j' eus	valu
tu	valus	tu eus	valu
il	valut	il eut	valu
ns	valûmes	ns eûmes	valu
vs	valûtes	vs eûtes	valu
ils	valurent	ils eurent	valu

Futur simple		Futur antérieur	
je	vaudrai	j' aurai	valu
tu	vaudras	tu auras	valu
il	vaudra	il aura	valu
ns	vaudrons	ns aurons	valu
vs	vaudrez	vs aurez	valu
ils	vaudront	ils auront	valu

SUBJONCTIF

Présent		
que je	vaille	
que tu	vailles	
qu' il	vaille	
que ns	valions	
que vs	valiez	
qu' ils	vaillent	

Imparfait		
que je	valusse	
que tu	valusses	
qu' il	valût	
que ns	valussions	
que vs	valussiez	
qu' ils	valussent	

Passé		
que j'	aie	valu
que tu	aies	valu
qu' il	ait	valu
que ns	ayons	valu
que vs	ayez	valu
qu' ils	aient	valu

Plus-que-parfait		
que j'	eusse	valu
que tu	eusses	valu
qu' il	eût	valu
que ns	eussions	valu
que vs	eussiez	valu
qu' ils	eussent	valu

CONDITIONNEL

Présent		Passé 1re forme		Passé 2e forme	
je	vaudrais	j' aurais	valu	j' eusse	valu
tu	vaudrais	tu aurais	valu	tu eusses	valu
il	vaudrait	il aurait	valu	il eût	valu
ns	vaudrions	ns aurions	valu	ns eussions	valu
vs	vaudriez	vs auriez	valu	vs eussiez	valu
ils	vaudraient	ils auraient	valu	ils eussent	valu

IMPÉRATIF

Présent			Passé		
vaux	valons	valez	aie valu	ayons valu	ayez valu

INFINITIF

Présent	Passé
valoir	avoir valu

PARTICIPE

Présent	Passé	Passé composé
valant	valu, e	ayant valu

INDICATIF

Présent
je	prévaux
tu	prévaux
il	prévaut
ns	prévalons
vs	prévalez
ils	prévalent

Passé composé
j'	ai	prévalu
tu	as	prévalu
il	a	prévalu
ns	avons	prévalu
vs	avez	prévalu
ils	ont	prévalu

Imparfait
je	prévalais
tu	prévalais
il	prévalait
ns	prévalions
vs	prévaliez
ils	prévalaient

Plus-que-parfait
j'	avais	prévalu
tu	avais	prévalu
il	avait	prévalu
ns	avions	prévalu
vs	aviez	prévalu
ils	avaient	prévalu

Passé simple
je	prévalus
tu	prévalus
il	prévalut
ns	prévalûmes
vs	prévalûtes
ils	prévalurent

Passé antérieur
j'	eus	prévalu
tu	eus	prévalu
il	eut	prévalu
ns	eûmes	prévalu
vs	eûtes	prévalu
ils	eurent	prévalu

Futur simple
je	prévaudrai
tu	prévaudras
il	prévaudra
ns	prévaudrons
vs	prévaudrez
ils	prévaudront

Futur antérieur
j'	aurai	prévalu
tu	auras	prévalu
il	aura	prévalu
ns	aurons	prévalu
vs	aurez	prévalu
ils	auront	prévalu

SUBJONCTIF

Présent
que j'	prévale
que tu	prévales
qu' il	prévale
que ns	prévalions
que vs	prévaliez
qu' ils	prévalent

Imparfait
que j'	prévalusse
que tu	prévalusses
qu' il	prévalût
que ns	prévalussions
que vs	prévalussiez
qu' ils	prévalussent

Passé
que j'	aie	prévalu
que tu	aies	prévalu
qu' il	ait	prévalu
que ns	ayons	prévalu
que vs	ayez	prévalu
qu' ils	aient	prévalu

Plus-que-parfait
que j'	eusse	prévalu
que tu	eusses	prévalu
qu' il	eût	prévalu
que ns	eussions	prévalu
que vs	eussiez	prévalu
qu' ils	eussent	prévalu

CONDITIONNEL

Présent
je	prévaudrais
tu	prévaudrais
il	prévaudrait
ns	prévaudrions
vs	prévaudriez
ils	prévaudraient

Passé 1ʳᵉ forme
j'	aurais	prévalu
tu	aurais	prévalu
il	aurait	prévalu
ns	aurions	prévalu
vs	auriez	prévalu
ils	auraient	prévalu

Passé 2ᵉ forme
j'	eusse	prévalu
tu	eusses	prévalu
il	eût	prévalu
ns	eussions	prévalu
vs	eussiez	prévalu
ils	eussent	prévalu

IMPÉRATIF

Présent
prévaux   prévalons   prévalez

Passé
aie prévalu   ayons prévalu   ayez prévalu

INFINITIF

Présent	Passé
prévaloir	avoir prévalu

PARTICIPE

Présent	Passé	Passé composé
prévalant	prévalu, e	ayant prévalu

INDICATIF

Présent
je	meus
tu	meus
il	meut
ns	mouvons
vs	mouvez
ils	meuvent

Passé composé
j'	ai	mû
tu	as	mû
il	a	mû
ns	avons	mû
vs	avez	mû
ils	ont	mû

Imparfait
je	mouvais
tu	mouvais
il	mouvait
ns	mouvions
vs	mouviez
ils	mouvaient

Plus-que-parfait
j'	avais	mû
tu	avais	mû
il	avait	mû
ns	avions	mû
vs	aviez	mû
ils	avaient	mû

Passé simple
je	mus
tu	mus
il	mut
ns	mûmes
vs	mûtes
ils	murent

Passé antérieur
j'	eus	mû
tu	eus	mû
il	eut	mû
ns	eûmes	mû
vs	eûtes	mû
ils	eurent	mû

Futur simple
je	mouvrai
tu	mouvras
il	mouvra
ns	mouvrons
vs	mouvrez
ils	mouvront

Futur antérieur
j'	aurai	mû
tu	auras	mû
il	aura	mû
ns	aurons	mû
vs	aurez	mû
ils	auront	mû

SUBJONCTIF

Présent
que	je	meuve
que	tu	meuves
qu'	il	meuve
que	ns	mouvions
que	vs	mouviez
qu'	ils	meuvent

Imparfait
que	je	musse
que	tu	musses
qu'	il	mût
que	ns	mussions
que	vs	mussiez
qu'	ils	mussent

Passé
que	j'	aie	mû
que	tu	aies	mû
qu'	il	ait	mû
que	ns	ayons	mû
que	vs	ayez	mû
qu'	ils	aient	mû

Plus-que-parfait
que	j'	eusse	mû
que	tu	eusses	mû
qu'	il	eût	mû
que	ns	eussions	mû
que	vs	eussiez	mû
qu'	ils	eussent	mû

CONDITIONNEL

Présent
je	mouvrais
tu	mouvrais
il	mouvrait
ns	mouvrions
vs	mouvriez
ils	mouvraient

Passé 1ʳᵉ forme
j'	aurais	mû
tu	aurais	mû
il	aurait	mû
ns	aurions	mû
vs	auriez	mû
ils	auraient	mû

Passé 2ᵉ forme
j'	eusse	mû
tu	eusses	mû
il	eût	mû
ns	eussions	mû
vs	eussiez	mû
ils	eussent	mû

IMPÉRATIF

Présent
meus   mouvons   mouvez

Passé
aie mû   ayons mû   ayez mû

INFINITIF

Présent
mouvoir

Passé
avoir mû

PARTICIPE

Présent
mouvant

Passé
mû, mue

Passé composé
ayant mû

INDICATIF

Présent
il faut

Imparfait
il fallait

Passé simple
il fallut

Futur simple
il faudra

Passé composé
il a fallu

Plus-que-parfait
il avait fallu

Passé antérieur
il eut fallu

Futur antérieur
il aura fallu

SUBJONCTIF

Présent
qu'il faille

Imparfait
qu'il fallût

Passé
qu'il ait fallu

Plus-que-parfait
qu'il eût fallu

CONDITIONNEL

Présent
il faudrait

Passé 1ʳᵉ forme
il aurait fallu

Passé 2ᵉ forme
il eût fallu

IMPÉRATIF

inusité

INFINITIF

Présent
falloir

Passé
avoir fallu

PARTICIPE

Présent
inusité

Passé
fallu

Passé composé
ayant fallu

INDICATIF

Présent
il pleut
ils pleuvent

Imparfait
il pleuvait
ils pleuvaient

Passé simple
il plut
ils plurent

Futur simple
il pleuvra
ils pleuvront

Passé composé
il a plu
ils ont plu

Plus-que-parfait
il avait plu
ils avaient plu

Passé antérieur
il eut plu
ils eurent plu

Futur antérieur
il aura plu
ils auront plu

SUBJONCTIF

Présent
qu' il pleuve
qu' ils pleuvent

Imparfait
qu' il plût
qu' ils plussent

Passé
qu' il ait plu
qu' ils aient plu

Plus-que-parfait
qu' il eût plu
qu' ils eussent plu

CONDITIONNEL

Présent
il pleuvrait
ils pleuvraient

Passé 1re forme
il aurait plu
ils auraient plu

Passé 2e forme
il eût plu
ils eussent plu

IMPÉRATIF

inusité

INFINITIF

Présent
pleuvoir

Passé
avoir plu

PARTICIPE

Présent
pleuvant

Passé
plu

Passé composé
ayant plu

INDICATIF			SUBJONCTIF

Présent *ou*
je déchois
tu déchois
il déchoit — déchet
ns déchoyons
vs déchoyez
ils déchoient

Passé composé
j' ai déchu
tu as déchu
il a déchu
ns avons déchu
vs avez déchu
ils ont déchu

Présent
que je déchoie
que tu déchoies
qu' il déchoie
que ns déchoyions
que vs déchoyiez
qu' ils déchoient

Imparfait
inusité

Plus-que-parfait
j' avais déchu
tu avais déchu
il avait déchu
ns avions déchu
vs aviez déchu
ils avaient déchu

Imparfait
que je déchusse
que tu déchusses
qu' il déchût
que ns déchussions
que vs déchussiez
qu' ils déchussent

Passé simple
je déchus
tu déchus
il déchut
ns déchûmes
vs déchûtes
ils déchurent

Passé antérieur
j' eus déchu
tu eus déchu
il eut déchu
ns eûmes déchu
vs eûtes déchu
ils eurent déchu

Passé
que j' aie déchu
que tu aies déchu
qu' il ait déchu
que ns ayons déchu
que vs ayez déchu
qu' ils aient déchu

Futur simple *ou*
je déchoirai — décherrai
tu déchoiras — décherras
il déchoira — décherra
ns déchoirons — décherrons
vs déchoirez — décherrez
ils déchoiront — décherront

Futur antérieur
j' aurai déchu
tu auras déchu
il aura déchu
ns aurons déchu
vs aurez déchu
ils auront déchu

Plus-que-parfait
que j' eusse déchu
que tu eusses déchu
qu' il eût déchu
que ns eussions déchu
que vs eussiez déchu
qu' ils eussent déchu

CONDITIONNEL		

Présent *ou*
je déchoirais — décherrais
tu déchoirais — décherrais
il déchoirait — décherrait
ns déchoirions — décherrions
vs déchoiriez — décherriez
ils déchoiraient — décherraient

Passé 1ʳᵉ forme
j' aurais déchu
tu aurais déchu
il aurait déchu
ns aurions déchu
vs auriez déchu
ils auraient déchu

Passé 2ᵉ forme
j' eusse déchu
tu eusses déchu
il eût déchu
ns eussions déchu
vs eussiez déchu
ils eussent déchu

IMPÉRATIF

inusité

INFINITIF		PARTICIPE		

Présent — déchoir
Passé — avoir déchu

Présent — déchéant *(rare)*
Passé — déchu, e
Passé composé — ayant déchu

RENDRE

INDICATIF

Présent
je rends
tu rends
il rend
ns rendons
vs rendez
ils rendent

Imparfait
je rendais
tu rendais
il rendait
ns rendions
vs rendiez
ils rendaient

Passé simple
je rendis
tu rendis
il rendit
ns rendîmes
vs rendîtes
ils rendirent

Futur simple
je rendrai
tu rendras
il rendra
ns rendrons
vs rendrez
ils rendront

Passé composé
j' ai rendu
tu as rendu
il a rendu
ns avons rendu
vs avez rendu
ils ont rendu

Plus-que-parfait
j' avais rendu
tu avais rendu
il avait rendu
ns avions rendu
vs aviez rendu
ils avaient rendu

Passé antérieur
j' eus rendu
tu eus rendu
il eut rendu
ns eûmes rendu
vs eûtes rendu
ils eurent rendu

Futur antérieur
j' aurai rendu
tu auras rendu
il aura rendu
ns aurons rendu
vs aurez rendu
ils auront rendu

SUBJONCTIF

Présent
que je rende
que tu rendes
qu' il rende
que ns rendions
que vs rendiez
qu' ils rendent

Imparfait
que je rendisse
que tu rendisses
qu' il rendît
que ns rendissions
que vs rendissiez
qu' ils rendissent

Passé
que j' aie rendu
que tu aies rendu
qu' il ait rendu
que ns ayons rendu
que vs ayez rendu
qu' ils aient rendu

Plus-que-parfait
que j' eusse rendu
que tu eusses rendu
qu' il eût rendu
que ns eussions rendu
que vs eussiez rendu
qu' ils eussent rendu

CONDITIONNEL

Présent
je rendrais
tu rendrais
il rendrait
ns rendrions
vs rendriez
ils rendraient

Passé 1ʳᵉ forme
j' aurais rendu
tu aurais rendu
il aurait rendu
ns aurions rendu
vs auriez rendu
ils auraient rendu

Passé 2ᵉ forme
j' eusse rendu
tu eusses rendu
il eût rendu
ns eussions rendu
vs eussiez rendu
ils eussent rendu

IMPÉRATIF

Présent
rends rendons rendez

Passé
aie rendu ayons rendu ayez rendu

INFINITIF

Présent
rendre

Passé
avoir rendu

PARTICIPE

Présent
rendant

Passé
rendu, e

Passé composé
ayant rendu

INDICATIF

Présent
je	prends
tu	prends
il	prend
ns	prenons
vs	prenez
ils	prennent

Imparfait
je	prenais
tu	prenais
il	prenait
ns	prenions
vs	preniez
ils	prenaient

Passé simple
je	pris
tu	pris
il	prit
ns	prîmes
vs	prîtes
ils	prirent

Futur simple
je	prendrai
tu	prendras
il	prendra
ns	prendrons
vs	prendrez
ils	prendront

Passé composé
j'	ai	pris
tu	as	pris
il	a	pris
ns	avons	pris
vs	avez	pris
ils	ont	pris

Plus-que-parfait
j'	avais	pris
tu	avais	pris
il	avait	pris
ns	avions	pris
vs	aviez	pris
ils	avaient	pris

Passé antérieur
j'	eus	pris
tu	eus	pris
il	eut	pris
ns	eûmes	pris
vs	eûtes	pris
ils	eurent	pris

Futur antérieur
j'	aurai	pris
tu	auras	pris
il	aura	pris
ns	aurons	pris
vs	aurez	pris
ils	auront	pris

SUBJONCTIF

Présent
que	je	prenne
que	tu	prennes
qu'	il	prenne
que	ns	prenions
que	vs	preniez
qu'	ils	prennent

Imparfait
que	je	prisse
que	tu	prisses
qu'	il	prît
que	ns	prissions
que	vs	prissiez
qu'	ils	prissent

Passé
que	j'	aie	pris
que	tu	aies	pris
qu'	il	ait	pris
que	ns	ayons	pris
que	vs	ayez	pris
qu'	ils	aient	pris

Plus-que-parfait
que	j'	eusse	pris
que	tu	eusses	pris
qu'	il	eût	pris
que	ns	eussions	pris
que	vs	eussiez	pris
qu'	ils	eussent	pris

CONDITIONNEL

Présent
je	prendrais
tu	prendrais
il	prendrait
ns	prendrions
vs	prendriez
ils	prendraient

Passé 1ʳᵉ forme
j'	aurais	pris
tu	aurais	pris
il	aurait	pris
ns	aurions	pris
vs	auriez	pris
ils	auraient	pris

Passé 2ᵉ forme
j'	eusse	pris
tu	eusses	pris
il	eût	pris
ns	eussions	pris
vs	eussiez	pris
ils	eussent	pris

IMPÉRATIF

Présent
prends	prenons	prenez

Passé
aie pris	ayons pris	ayez pris

INFINITIF

Présent	Passé
prendre	avoir pris

PARTICIPE

Présent	Passé	Passé composé
prenant	pris, se	ayant pris

CRAINDRE

INDICATIF

Présent		Passé composé		
je	crains	j'	ai	craint
tu	crains	tu	as	craint
il	craint	il	a	craint
ns	craignons	ns	avons	craint
vs	craignez	vs	avez	craint
ils	craignent	ils	ont	craint

Imparfait		Plus-que-parfait		
je	craignais	j'	avais	craint
tu	craignais	tu	avais	craint
il	craignait	il	avait	craint
ns	craignions	ns	avions	craint
vs	craigniez	vs	aviez	craint
ils	craignaient	ils	avaient	craint

Passé simple		Passé antérieur		
je	craignis	j'	eus	craint
tu	craignis	tu	eus	craint
il	craignit	il	eut	craint
ns	craignîmes	ns	eûmes	craint
vs	craignîtes	vs	eûtes	craint
ils	craignirent	ils	eurent	craint

Futur simple		Futur antérieur		
je	craindrai	j'	aurai	craint
tu	craindras	tu	auras	craint
il	craindra	il	aura	craint
ns	craindrons	ns	aurons	craint
vs	craindrez	vs	aurez	craint
ils	craindront	ils	auront	craint

SUBJONCTIF

Présent		
que je	craigne	
que tu	craignes	
qu' il	craigne	
que ns	craignions	
que vs	craigniez	
qu' ils	craignent	

Imparfait		
que je	craignisse	
que tu	craignisses	
qu' il	craignît	
que ns	craignissions	
que vs	craignissiez	
qu' ils	craignissent	

Passé		
que j'	aie	craint
que tu	aies	craint
qu' il	ait	craint
que ns	ayons	craint
que vs	ayez	craint
qu' ils	aient	craint

Plus-que-parfait		
que j'	eusse	craint
que tu	eusses	craint
qu' il	eût	craint
que ns	eussions	craint
que vs	eussiez	craint
qu' ils	eussent	craint

CONDITIONNEL

Présent		Passé 1ʳᵉ forme			Passé 2ᵉ forme		
je	craindrais	j'	aurais	craint	j'	eusse	craint
tu	craindrais	tu	aurais	craint	tu	eusses	craint
il	craindrait	il	aurait	craint	il	eût	craint
ns	craindrions	ns	aurions	craint	ns	eussions	craint
vs	craindriez	vs	auriez	craint	vs	eussiez	craint
ils	craindraient	ils	auraient	craint	ils	eussent	craint

IMPÉRATIF

Présent			Passé		
crains	craignons	craignez	aie craint	ayons craint	ayez craint

INFINITIF

Présent	Passé
craindre	avoir craint

PARTICIPE

Présent	Passé	Passé composé
craignant	craint, te	ayant craint

INDICATIF

Présent
je peins
tu peins
il peint
ns peignons
vs peignez
ils peignent

Passé composé
j' ai peint
tu as peint
il a peint
ns avons peint
vs avez peint
ils ont peint

Imparfait
je peignais
tu peignais
il peignait
ns peignions
vs peigniez
ils peignaient

Plus-que-parfait
j' avais peint
tu avais peint
il avait peint
ns avions peint
vs aviez peint
ils avaient peint

Passé simple
je peignis
tu peignis
il peignit
ns peignîmes
vs peignîtes
ils peignirent

Passé antérieur
j' eus peint
tu eus peint
il eut peint
ns eûmes peint
vs eûtes peint
ils eurent peint

Futur simple
je peindrai
tu peindras
il peindra
ns peindrons
vs peindrez
ils peindront

Futur antérieur
j' aurai peint
tu auras peint
il aura peint
ns aurons peint
vs aurez peint
ils auront peint

SUBJONCTIF

Présent
que je peigne
que tu peignes
qu' il peigne
que ns peignions
que vs peigniez
qu' ils peignent

Imparfait
que je peignisse
que tu peignisses
qu' il peignît
que ns peignissions
que vs peignissiez
qu' ils peignissent

Passé
que j' aie peint
que tu aies peint
qu' il ait peint
que ns ayons peint
que vs ayez peint
qu' ils aient peint

Plus-que-parfait
que j' eusse peint
que tu eusses peint
qu' il eût peint
que ns eussions peint
que vs eussiez peint
qu' ils eussent peint

CONDITIONNEL

Présent
je peindrais
tu peindrais
il peindrait
ns peindrions
vs peindriez
ils peindraient

Passé 1re forme
j' aurais peint
tu aurais peint
il aurait peint
ns aurions peint
vs auriez peint
ils auraient peint

Passé 2e forme
j' eusse peint
tu eusses peint
il eût peint
ns eussions peint
vs eussiez peint
ils eussent peint

IMPÉRATIF

Présent
peins peignons peignez

Passé
aie peint ayons peint ayez peint

INFINITIF

Présent peindre
Passé avoir peint

PARTICIPE

Présent peignant
Passé peint, te
Passé composé ayant peint

INDICATIF

Présent	Passé composé
je joins	j' ai joint
tu joins	tu as joint
il joint	il a joint
ns joignons	ns avons joint
vs joignez	vs avez joint
ils joignent	ils ont joint

Imparfait	Plus-que-parfait
je joignais	j' avais joint
tu joignais	tu avais joint
il joignait	il avait joint
ns joignions	ns avions joint
vs joigniez	vs aviez joint
ils joignaient	ils avaient joint

Passé simple	Passé antérieur
je joignis	j' eus joint
tu joignis	tu eus joint
il joignit	il eut joint
ns joignîmes	ns eûmes joint
vs joignîtes	vs eûtes joint
ils joignirent	ils eurent joint

Futur simple	Futur antérieur
je joindrai	j' aurai joint
tu joindras	tu auras joint
il joindra	il aura joint
ns joindrons	ns aurons joint
vs joindrez	vs aurez joint
ils joindront	ils auront joint

SUBJONCTIF

Présent
que je joigne
que tu joignes
qu' il joigne
que ns joignions
que vs joigniez
qu' ils joignent

Imparfait
que je joignisse
que tu joignisses
qu' il joignît
que ns joignissions
que vs joignissiez
qu' ils joignissent

Passé
que j' aie joint
que tu aies joint
qu' il ait joint
que ns ayons joint
que vs ayez joint
qu' ils aient joint

Plus-que-parfait
que j' eusse joint
que tu eusses joint
qu' il eût joint
que ns eussions joint
que vs eussiez joint
qu' ils eussent joint

CONDITIONNEL

Présent	Passé 1re forme	Passé 2e forme
je joindrais	j' aurais joint	j' eusse joint
tu joindrais	tu aurais joint	tu eusses joint
il joindrait	il aurait joint	il eût joint
ns joindrions	ns aurions joint	ns eussions joint
vs joindriez	vs auriez joint	vs eussiez joint
ils joindraient	ils auraient joint	ils eussent joint

IMPÉRATIF

Présent	Passé
joins joignons joignez	aie joint ayons joint ayez joint

INFINITIF

Présent	Passé
joindre	avoir joint

PARTICIPE

Présent	Passé	Passé composé
joignant	joint, te	ayant joint

INDICATIF

SUBJONCTIF

Présent

je	résous
tu	résous
il	résout
ns	résolvons
vs	résolvez
ils	résolvent

Passé composé

j'	ai	résolu
tu	as	résolu
il	a	résolu
ns	avons	résolu
vs	avez	résolu
ils	ont	résolu

Présent

que je	résolve
que tu	résolves
qu' il	résolve
que ns	résolvions
que vs	résolviez
qu' ils	résolvent

Imparfait

je	résolvais
tu	résolvais
il	résolvait
ns	résolvions
vs	résolviez
ils	résolvaient

Plus-que-parfait

j'	avais	résolu
tu	avais	résolu
il	avait	résolu
ns	avions	résolu
vs	aviez	résolu
ils	avaient	résolu

Imparfait

que je	résolusse
que tu	résolusses
qu' il	résolût
que ns	résolussions
que vs	résolussiez
qu' ils	résolussent

Passé simple

je	résolus
tu	résolus
il	résolut
ns	résolûmes
vs	résolûtes
ils	résolurent

Passé antérieur

j'	eus	résolu
tu	eus	résolu
il	eut	résolu
ns	eûmes	résolu
vs	eûtes	résolu
ils	eurent	résolu

Passé

que j'	aie	résolu
que tu	aies	résolu
qu' il	ait	résolu
que ns	ayons	résolu
que vs	ayez	résolu
qu' ils	aient	résolu

Futur simple

je	résoudrai
tu	résoudras
il	résoudra
ns	résoudrons
vs	résoudrez
ils	résoudront

Futur antérieur

j'	aurai	résolu
tu	auras	résolu
il	aura	résolu
ns	aurons	résolu
vs	aurez	résolu
ils	auront	résolu

Plus-que-parfait

que j'	eusse	résolu
que tu	eusses	résolu
qu' il	eût	résolu
que ns	eussions	résolu
que vs	eussiez	résolu
qu' ils	eussent	résolu

CONDITIONNEL

Présent

je	résoudrais
tu	résoudrais
il	résoudrait
ns	résoudrions
vs	résoudriez
ils	résoudraient

Passé 1re forme

j'	aurais	résolu
tu	aurais	résolu
il	aurait	résolu
ns	aurions	résolu
vs	auriez	résolu
ils	auraient	résolu

Passé 2e forme

j'	eusse	résolu
tu	eusses	résolu
il	eût	résolu
ns	eussions	résolu
vs	eussiez	résolu
ils	eussent	résolu

IMPÉRATIF

Présent

résous   résolvons   résolvez

Passé

aie résolu   ayons résolu   ayez résolu

INFINITIF

PARTICIPE

Présent

résoudre

Passé

avoir résolu

Présent

résolvant

Passé

résolu, e

Passé composé

ayant résolu

INDICATIF

Présent

je	couds
tu	couds
il	coud
ns	cousons
vs	cousez
ils	cousent

Passé composé

j'	ai	cousu
tu	as	cousu
il	a	cousu
ns	avons	cousu
vs	avez	cousu
ils	ont	cousu

Imparfait

je	cousais
tu	cousais
il	cousait
ns	cousions
vs	cousiez
ils	cousaient

Plus-que-parfait

j'	avais	cousu
tu	avais	cousu
il	avait	cousu
ns	avions	cousu
vs	aviez	cousu
ils	avaient	cousu

Passé simple

je	cousis
tu	cousis
il	cousit
ns	cousîmes
vs	cousîtes
ils	cousirent

Passé antérieur

j'	eus	cousu
tu	eus	cousu
il	eut	cousu
ns	eûmes	cousu
vs	eûtes	cousu
ils	eurent	cousu

Futur simple

je	coudrai
tu	coudras
il	coudra
ns	coudrons
vs	coudrez
ils	coudront

Futur antérieur

j'	aurai	cousu
tu	auras	cousu
il	aura	cousu
ns	aurons	cousu
vs	aurez	cousu
ils	auront	cousu

SUBJONCTIF

Présent

que	je	couse
que	tu	couses
qu'	il	couse
que	ns	cousions
que	vs	cousiez
qu'	ils	cousent

Imparfait

que	je	cousisse
que	tu	cousisses
qu'	il	cousît
que	ns	cousissions
que	vs	cousissiez
qu'	ils	cousissent

Passé

que	j'	aie	cousu
que	tu	aies	cousu
qu'	il	ait	cousu
que	ns	ayons	cousu
que	vs	ayez	cousu
qu'	ils	aient	cousu

Plus-que-parfait

que	j'	eusse	cousu
que	tu	eusses	cousu
qu'	il	eût	cousu
que	ns	eussions	cousu
que	vs	eussiez	cousu
qu'	ils	eussent	cousu

CONDITIONNEL

Présent

je	coudrais
tu	coudrais
il	coudrait
ns	coudrions
vs	coudriez
ils	coudraient

Passé 1ʳᵉ forme

j'	aurais	cousu
tu	aurais	cousu
il	aurait	cousu
ns	aurions	cousu
vs	auriez	cousu
ils	auraient	cousu

Passé 2ᵉ forme

j'	eusse	cousu
tu	eusses	cousu
il	eût	cousu
ns	eussions	cousu
vs	eussiez	cousu
ils	eussent	cousu

IMPÉRATIF

Présent

couds   cousons   cousez

Passé

aie cousu   ayons cousu   ayez cousu

INFINITIF

Présent	Passé
coudre	avoir cousu

PARTICIPE

Présent	Passé	Passé composé
cousant	cousu, e	ayant cousu

INDICATIF

Présent
je	mouds
tu	mouds
il	moud
ns	moulons
vs	moulez
ils	moulent

Passé composé
j'	ai	moulu
tu	as	moulu
il	a	moulu
ns	avons	moulu
vs	avez	moulu
ils	ont	moulu

Imparfait
je	moulais
tu	moulais
il	moulait
ns	moulions
vs	mouliez
ils	moulaient

Plus-que-parfait
j'	avais	moulu
tu	avais	moulu
il	avait	moulu
ns	avions	moulu
vs	aviez	moulu
ils	avaient	moulu

Passé simple
je	moulus
tu	moulus
il	moulut
ns	moulûmes
vs	moulûtes
ils	moulurent

Passé antérieur
j'	eus	moulu
tu	eus	moulu
il	eut	moulu
ns	eûmes	moulu
vs	eûtes	moulu
ils	eurent	moulu

Futur simple
je	moudrai
tu	moudras
il	moudra
ns	moudrons
vs	moudrez
ils	moudront

Futur antérieur
j'	aurai	moulu
tu	auras	moulu
il	aura	moulu
ns	aurons	moulu
vs	aurez	moulu
ils	auront	moulu

SUBJONCTIF

Présent
que	je	moule
que	tu	moules
qu'	il	moule
que	ns	moulions
que	vs	mouliez
qu'	ils	moulent

Imparfait
que	je	moulusse
que	tu	moulusses
qu'	il	moulût
que	ns	moulussions
que	vs	moulussiez
qu'	ils	moulussent

Passé
que	j'	aie	moulu
que	tu	aies	moulu
qu'	il	ait	moulu
que	ns	ayons	moulu
que	vs	ayez	moulu
qu'	ils	aient	moulu

Plus-que-parfait
que	j'	eusse	moulu
que	tu	eusses	moulu
qu'	il	eût	moulu
que	ns	eussions	moulu
que	vs	eussiez	moulu
qu'	ils	eussent	moulu

CONDITIONNEL

Présent
je	moudrais
tu	moudrais
il	moudrait
ns	moudrions
vs	moudriez
ils	moudraient

Passé 1ʳᵉ forme
j'	aurais	moulu
tu	aurais	moulu
il	aurait	moulu
ns	aurions	moulu
vs	auriez	moulu
ils	auraient	moulu

Passé 2ᵉ forme
j'	eusse	moulu
tu	eusses	moulu
il	eût	moulu
ns	eussions	moulu
vs	eussiez	moulu
ils	eussent	moulu

IMPÉRATIF

Présent

mouds   moulons   moulez

Passé

aie moulu   ayons moulu   ayez moulu

INFINITIF

Présent	**Passé**
moudre	avoir moulu

PARTICIPE

Présent	**Passé**	**Passé composé**
moulant	moulu, e	ayant moulu

INDICATIF

Présent
je romps
tu romps
il rompt
ns rompons
vs rompez
ils rompent

Passé composé
j' ai rompu
tu as rompu
il a rompu
ns avons rompu
vs avez rompu
ils ont rompu

Imparfait
je rompais
tu rompais
il rompait
ns rompions
vs rompiez
ils rompaient

Plus-que-parfait
j' avais rompu
tu avais rompu
il avait rompu
ns avions rompu
vs aviez rompu
ils avaient rompu

Passé simple
je rompis
tu rompis
il rompit
ns rompîmes
vs rompîtes
ils rompirent

Passé antérieur
j' eus rompu
tu eus rompu
il eut rompu
ns eûmes rompu
vs eûtes rompu
ils eurent rompu

Futur simple
je romprai
tu rompras
il rompra
ns romprons
vs romprez
ils rompront

Futur antérieur
j' aurai rompu
tu auras rompu
il aura rompu
ns aurons rompu
vs aurez rompu
ils auront rompu

SUBJONCTIF

Présent
que je rompe
que tu rompes
qu' il rompe
que ns rompions
que vs rompiez
qu' ils rompent

Imparfait
que je rompisse
que tu rompisses
qu' il rompît
que ns rompissions
que vs rompissiez
qu' ils rompissent

Passé
que j' aie rompu
que tu aies rompu
qu' il ait rompu
que ns ayons rompu
que vs ayez rompu
qu' ils aient rompu

Plus-que-parfait
que j' eusse rompu
que tu eusses rompu
qu' il eût rompu
que ns eussions rompu
que vs eussiez rompu
qu' ils eussent rompu

CONDITIONNEL

Présent
je romprais
tu romprais
il romprait
ns romprions
vs rompriez
ils rompraient

Passé 1ʳᵉ forme
j' aurais rompu
tu aurais rompu
il aurait rompu
ns aurions rompu
vs auriez rompu
ils auraient rompu

Passé 2ᵉ forme
j' eusse rompu
tu eusses rompu
il eût rompu
ns eussions rompu
vs eussiez rompu
ils eussent rompu

IMPÉRATIF

Présent
romps   rompons   rompez

Passé
aie rompu   ayons rompu   ayez rompu

INFINITIF

Présent
rompre

Passé
avoir rompu

PARTICIPE

Présent
rompant

Passé
rompu, e

Passé composé
ayant rompu

INDICATIF

Présent
je vaincs
tu vaincs
il **vainc**
ns vainquons
vs vainquez
ils vainquent

Passé composé
j' ai vaincu
tu as vaincu
il a vaincu
ns avons vaincu
vs avez vaincu
ils ont vaincu

Imparfait
je vainquais
tu vainquais
il vainquait
ns vainquions
vs vainquiez
ils vainquaient

Plus-que-parfait
j' avais vaincu
tu avais vaincu
il avait vaincu
ns avions vaincu
vs aviez vaincu
ils avaient vaincu

Passé simple
je vainquis
tu vainquis
il vainquit
ns vainquîmes
vs vainquîtes
ils vainquirent

Passé antérieur
j' eus vaincu
tu eus vaincu
il eut vaincu
ns eûmes vaincu
vs eûtes vaincu
ils eurent vaincu

Futur simple
je vaincrai
tu vaincras
il vaincra
ns vaincrons
vs vaincrez
ils vaincront

Futur antérieur
j' aurai vaincu
tu auras vaincu
il aura vaincu
ns aurons vaincu
vs aurez vaincu
ils auront vaincu

SUBJONCTIF

Présent
que je vainque
que tu vainques
qu' il vainque
que ns vainquions
que vs vainquiez
qu' ils vainquent

Imparfait
que je vainquisse
que tu vainquisses
qu' il vainquît
que ns vainquissions
que vs vainquissiez
qu' ils vainquissent

Passé
que j' aie vaincu
que tu aies vaincu
qu' il ait vaincu
que ns ayons vaincu
que vs ayez vaincu
qu' ils aient vaincu

Plus-que-parfait
que j' eusse vaincu
que tu eusses vaincu
qu' il eût vaincu
que ns eussions vaincu
que vs eussiez vaincu
qu' ils eussent vaincu

CONDITIONNEL

Présent
je vaincrais
tu vaincrais
il vaincrait
ns vaincrions
vs vaincriez
ils vaincraient

Passé 1ʳᵉ forme
j' aurais vaincu
tu aurais vaincu
il aurait vaincu
ns aurions vaincu
vs auriez vaincu
ils auraient vaincu

Passé 2ᵉ forme
j' eusse vaincu
tu eusses vaincu
il eût vaincu
ns eussions vaincu
vs eussiez vaincu
ils eussent vaincu

IMPÉRATIF

Présent
vaincs   vainquons   vainquez

Passé
aie vaincu   ayons vaincu   ayez vaincu

INFINITIF

Présent
vaincre

Passé
avoir vaincu

PARTICIPE

Présent
vainquant

Passé
vaincu, e

Passé composé
ayant vaincu

INDICATIF

Présent		Passé composé		
je	bats	j'	ai	battu
tu	bats	tu	as	battu
il	bat	il	a	battu
ns	battons	ns	avons	battu
vs	battez	vs	avez	battu
ils	battent	ils	ont	battu

Imparfait		Plus-que-parfait		
je	battais	j'	avais	battu
tu	battais	tu	avais	battu
il	battait	il	avait	battu
ns	battions	ns	avions	battu
vs	battiez	vs	aviez	battu
ils	battaient	ils	avaient	battu

Passé simple		Passé antérieur		
je	battis	j'	eus	battu
tu	battis	tu	eus	battu
il	battit	il	eut	battu
ns	battîmes	ns	eûmes	battu
vs	battîtes	vs	eûtes	battu
ils	battirent	ils	eurent	battu

Futur simple		Futur antérieur		
je	battrai	j'	aurai	battu
tu	battras	tu	auras	battu
il	battra	il	aura	battu
ns	battrons	ns	aurons	battu
vs	battrez	vs	aurez	battu
ils	battront	ils	auront	battu

SUBJONCTIF

Présent	
que je	batte
que tu	battes
qu' il	batte
que ns	battions
que vs	battiez
qu' ils	battent

Imparfait	
que je	battisse
que tu	battisses
qu' il	battît
que ns	battissions
que vs	battissiez
qu' ils	battissent

Passé		
que j'	aie	battu
que tu	aies	battu
qu' il	ait	battu
que ns	ayons	battu
que vs	ayez	battu
qu' ils	aient	battu

Plus-que-parfait		
que j'	eusse	battu
que tu	eusses	battu
qu' il	eût	battu
que ns	eussions	battu
que vs	eussiez	battu
qu' ils	eussent	battu

CONDITIONNEL

Présent		Passé 1ʳᵉ forme			Passé 2ᵉ forme		
je	battrais	j'	aurais	battu	j'	eusse	battu
tu	battrais	tu	aurais	battu	tu	eusses	battu
il	battrait	il	aurait	battu	il	eût	battu
ns	battrions	ns	aurions	battu	ns	eussions	battu
vs	battriez	vs	auriez	battu	vs	eussiez	battu
ils	battraient	ils	auraient	battu	ils	eussent	battu

IMPÉRATIF

Présent			Passé		
bats	battons	battez	aie battu	ayons battu	ayez battu

INFINITIF

Présent	Passé
battre	avoir battu

PARTICIPE

Présent	Passé	Passé composé
battant	battu, e	ayant battu

INDICATIF

Présent	**Passé composé**	
je mets	j' ai	mis
tu mets	tu as	mis
il met	il a	mis
ns mettons	ns avons	mis
vs mettez	vs avez	mis
ils mettent	ils ont	mis
Imparfait	**Plus-que-parfait**	
je mettais	j' avais	mis
tu mettais	tu avais	mis
il mettait	il avait	mis
ns mettions	ns avions	mis
vs mettiez	vs aviez	mis
ils mettaient	ils avaient	mis
Passé simple	**Passé antérieur**	
je mis	j' eus	mis
tu mis	tu eus	mis
il mit	il eut	mis
ns mîmes	ns eûmes	mis
vs mîtes	vs eûtes	mis
ils mirent	ils eurent	mis
Futur simple	**Futur antérieur**	
je mettrai	j' aurai	mis
tu mettras	tu auras	mis
il mettra	il aura	mis
ns mettrons	ns aurons	mis
vs mettrez	vs aurez	mis
ils mettront	ils auront	mis

SUBJONCTIF

Présent		
que je mette		
que tu mettes		
qu' il mette		
que ns mettions		
que vs mettiez		
qu' ils mettent		
Imparfait		
que je misse		
que tu misses		
qu' il mît		
que ns missions		
que vs missiez		
qu' ils missent		
Passé		
que j' aie	mis	
que tu aies	mis	
qu' il ait	mis	
que ns ayons	mis	
que vs ayez	mis	
qu' ils aient	mis	
Plus-que-parfait		
que j' eusse	mis	
que tu eusses	mis	
qu' il eût	mis	
que ns eussions	mis	
que vs eussiez	mis	
qu' ils eussent	mis	

CONDITIONNEL

Présent	**Passé 1re forme**		**Passé 2e forme**	
je mettrais	j' aurais	mis	j' eusse	mis
tu mettrais	tu aurais	mis	tu eusses	mis
il mettrait	il aurait	mis	il eût	mis
ns mettrions	ns aurions	mis	ns eussions	mis
vs mettriez	vs auriez	mis	vs eussiez	mis
ils mettraient	ils auraient	mis	ils eussent	mis

IMPÉRATIF

Présent			**Passé**		
mets	mettons	mettez	aie mis	ayons mis	ayez mis

INFINITIF

Présent	**Passé**
mettre	avoir mis

PARTICIPE

Présent	**Passé**	**Passé composé**
mettant	mis, se	ayant mis

INDICATIF

Présent

je	connais	
tu	connais	
il	connaît	
ns	connaissons	
vs	connaissez	
ils	connaissent	

Passé composé

j'	ai	connu
tu	as	connu
il	a	connu
ns	avons	connu
vs	avez	connu
ils	ont	connu

Imparfait

je	connaissais
tu	connaissais
il	connaissait
ns	connaissions
vs	connaissiez
ils	connaissaient

Plus-que-parfait

j'	avais	connu
tu	avais	connu
il	avait	connu
ns	avions	connu
vs	aviez	connu
ils	avaient	connu

Passé simple

je	connus
tu	connus
il	connut
ns	connûmes
vs	connûtes
ils	connurent

Passé antérieur

j'	eus	connu
tu	eus	connu
il	eut	connu
ns	eûmes	connu
vs	eûtes	connu
ils	eurent	connu

Futur simple

je	connaîtrai
tu	connaîtras
il	connaîtra
ns	connaîtrons
vs	connaîtrez
ils	connaîtront

Futur antérieur

j'	aurai	connu
tu	auras	connu
il	aura	connu
ns	aurons	connu
vs	aurez	connu
ils	auront	connu

SUBJONCTIF

Présent

que	je	connaisse
que	tu	connaisses
qu'	il	connaisse
que	ns	connaissions
que	vs	connaissiez
qu'	ils	connaissent

Imparfait

que	je	connusse
que	tu	connusses
qu'	il	connût
que	ns	connussions
que	vs	connussiez
qu'	ils	connussent

Passé

que	j'	aie	connu
que	tu	aies	connu
qu'	il	ait	connu
que	ns	ayons	connu
que	vs	ayez	connu
qu'	ils	aient	connu

Plus-que-parfait

que	j'	eusse	connu
que	tu	eusses	connu
qu'	il	eût	connu
que	ns	eussions	connu
que	vs	eussiez	connu
qu'	ils	eussent	connu

CONDITIONNEL

Présent

je	connaîtrais
tu	connaîtrais
il	connaîtrait
ns	connaîtrions
vs	connaîtriez
ils	connaîtraient

Passé 1re forme

j'	aurais	connu
tu	aurais	connu
il	aurait	connu
ns	aurions	connu
vs	auriez	connu
ils	auraient	connu

Passé 2e forme

j'	eusse	connu
tu	eusses	connu
il	eût	connu
ns	eussions	connu
vs	eussiez	connu
ils	eussent	connu

IMPÉRATIF

Présent

connais   connaissons   connaissez

Passé

aie connu   ayons connu   ayez connu

INFINITIF

Présent

connaître

Passé

avoir connu

PARTICIPE

Présent

connaissant

Passé

connu, e

Passé composé

ayant connu

INDICATIF

Présent		Passé composé	
je	nais	je suis	né
tu	nais	tu es	né
il	naît	il est	né
ns	naissons	ns sommes	nés
vs	naissez	vs êtes	nés
ils	naissent	ils sont	nés

Imparfait		Plus-que-parfait	
je	naissais	j' étais	né
tu	naissais	tu étais	né
il	naissait	il était	né
ns	naissions	ns étions	nés
vs	naissiez	vs étiez	nés
ils	naissaient	ils étaient	nés

Passé simple		Passé antérieur	
je	naquis	je fus	né
tu	naquis	tu fus	né
il	naquit	il fut	né
ns	naquîmes	ns fûmes	nés
vs	naquîtes	vs fûtes	nés
ils	naquirent	ils furent	nés

Futur simple		Futur antérieur	
je	naîtrai	je serai	né
tu	naîtras	tu seras	né
il	naîtra	il sera	né
ns	naîtrons	ns serons	nés
vs	naîtrez	vs serez	nés
ils	naîtront	ils seront	nés

SUBJONCTIF

Présent	
que je	naisse
que tu	naisses
qu' il	naisse
que ns	naissions
que vs	naissiez
qu' ils	naissent

Imparfait	
que je	naquisse
que tu	naquisses
qu' il	naquît
que ns	naquissions
que vs	naquissiez
qu' ils	naquissent

Passé		
que je	sois	né
que tu	sois	né
qu' il	soit	né
que ns	soyons	nés
que vs	soyez	nés
qu' ils	soient	nés

Plus-que-parfait		
que je	fusse	né
que tu	fusses	né
qu' il	fût	né
que ns	fussions	nés
que vs	fussiez	nés
qu' ils	fussent	nés

CONDITIONNEL

Présent		Passé 1re forme		Passé 2e forme	
je	naîtrais	je serais	né	je fusse	né
tu	naîtrais	tu serais	né	tu fusses	né
il	naîtrait	il serait	né	il fût	né
ns	naîtrions	ns serions	nés	ns fussions	nés
vs	naîtriez	vs seriez	nés	vs fussiez	nés
ils	naîtraient	ils seraient	nés	ils fussent	nés

IMPÉRATIF

Présent			Passé		
nais	naissons	naissez	sois né	soyons nés	soyez nés

INFINITIF

Présent	Passé
naître	être né

PARTICIPE

Présent	Passé	Passé composé
naissant	né, e	étant né

INDICATIF

Présent	Passé composé
je croîs	j' ai crû
tu croîs	tu as crû
il croît	il a crû
ns croissons	ns avons crû
vs croissez	vs avez crû
ils croissent	ils ont crû

Imparfait	Plus-que-parfait
je croissais	j' avais crû
tu croissais	tu avais crû
il croissait	il avait crû
ns croissions	ns avions crû
vs croissiez	vs aviez crû
ils croissaient	ils avaient crû

Passé simple	Passé antérieur
je crûs	j' eus crû
tu crûs	tu eus crû
il crût	il eut crû
ns crûmes	ns eûmes crû
vs crûtes	vs eûtes crû
ils crûrent	ils eurent crû

Futur simple	Futur antérieur
je croîtrai	j' aurai crû
tu croîtras	tu auras crû
il croîtra	il aura crû
ns croîtrons	ns aurons crû
vs croîtrez	vs aurez crû
ils croîtront	ils auront crû

SUBJONCTIF

Présent
que je croisse
que tu croisses
qu' il croisse
que ns croissions
que vs croissiez
qu' ils croissent

Imparfait
que je crûsse
que tu crûsses
qu' il crût
que ns crûssions
que vs crûssiez
qu' ils crûssent

Passé
que j' aie crû
que tu aies crû
qu' il ait crû
que ns ayons crû
que vs ayez crû
qu' ils aient crû

Plus-que-parfait
que j' eusse crû
que tu eusses crû
qu' il eût crû
que ns eussions crû
que vs eussiez crû
qu' ils eussent crû

CONDITIONNEL

Présent	Passé 1re forme	Passé 2e forme
je croîtrais	j' aurais crû	j' eusse crû
tu croîtrais	tu aurais crû	tu eusses crû
il croîtrait	il aurait crû	il eût crû
ns croîtrions	ns aurions crû	ns eussions crû
vs croîtriez	vs auriez crû	vs eussiez crû
ils croîtraient	ils auraient crû	ils eussent crû

IMPÉRATIF

Présent			Passé		
croîs	croissons	croissez	aie crû	ayons crû	ayez crû

INFINITIF

Présent	Passé
croître	avoir crû

PARTICIPE

Présent	Passé	Passé composé
croissant	crû, crûe	ayant crû

INDICATIF

Présent	Passé composé	
je crois	j' ai	cru
tu crois	tu as	cru
il croit	il a	cru
ns croyons	ns avons	cru
vs croyez	vs avez	cru
ils croient	ils ont	cru

Imparfait	Plus-que-parfait	
je croyais	j' avais	cru
tu croyais	tu avais	cru
il croyait	il avait	cru
ns croyions	ns avions	cru
vs croyiez	vs aviez	cru
ils croyaient	ils avaient	cru

Passé simple	Passé antérieur	
je crus	j' eus	cru
tu crus	tu eus	cru
il crut	il eut	cru
ns crûmes	ns eûmes	cru
vs crûtes	vs eûtes	cru
ils crurent	ils eurent	cru

Futur simple	Futur antérieur	
je croirai	j' aurai	cru
tu croiras	tu auras	cru
il croira	il aura	cru
ns croirons	ns aurons	cru
vs croirez	vs aurez	cru
ils croiront	ils auront	cru

SUBJONCTIF

Présent		
que je croie		
que tu croies		
qu' il croie		
que ns croyions		
que vs croyiez		
qu' ils croient		

Imparfait		
que je crusse		
que tu crusses		
qu' il crût		
que ns crussions		
que vs crussiez		
qu' ils crussent		

Passé		
que j' aie	cru	
que tu aies	cru	
qu' il ait	cru	
que ns ayons	cru	
que vs ayez	cru	
qu' ils aient	cru	

Plus-que-parfait		
que j' eusse	cru	
que tu eusses	cru	
qu' il eût	cru	
que ns eussions	cru	
que vs eussiez	cru	
qu' ils eussent	cru	

CONDITIONNEL

Présent	Passé 1ʳᵉ forme		Passé 2ᵉ forme	
je croirais	j' aurais	cru	j' eusse	cru
tu croirais	tu aurais	cru	tu eusses	cru
il croirait	il aurait	cru	il eût	cru
ns croirions	ns aurions	cru	ns eussions	cru
vs croiriez	vs auriez	cru	vs eussiez	cru
ils croiraient	ils auraient	cru	ils eussent	cru

IMPÉRATIF

Présent			Passé		
crois	croyons	croyez	aie cru	ayons cru	ayez cru

INFINITIF

Présent	Passé
croire	avoir cru

PARTICIPE

Présent	Passé	Passé composé
croyant	cru, e	ayant cru

INDICATIF

Présent	Passé composé
je plais	j' ai plu
tu plais	tu as plu
il plaît	il a plu
ns plaisons	ns avons plu
vs plaisez	vs avez plu
ils plaisent	ils ont plu

Imparfait	Plus-que-parfait
je plaisais	j' avais plu
tu plaisais	tu avais plu
il plaisait	il avait plu
ns plaisions	ns avions plu
vs plaisiez	vs aviez plu
ils plaisaient	ils avaient plu

Passé simple	Passé antérieur
je plus	j' eus plu
tu plus	tu eus plu
il plut	il eut plu
ns plûmes	ns eûmes plu
vs plûtes	vs eûtes plu
ils plurent	ils eurent plu

Futur simple	Futur antérieur
je plairai	j' aurai plu
tu plairas	tu auras plu
il plaira	il aura plu
ns plairons	ns aurons plu
vs plairez	vs aurez plu
ils plairont	ils auront plu

SUBJONCTIF

Présent
que je plaise
que tu plaises
qu' il plaise
que ns plaisions
que vs plaisiez
qu' ils plaisent

Imparfait
que je plusse
que tu plusses
qu' il plût
que ns plussions
que vs plussiez
qu' ils plussent

Passé
que j' aie plu
que tu aies plu
qu' il ait plu
que ns ayons plu
que vs ayez plu
qu' ils aient plu

Plus-que-parfait
que j' eusse plu
que tu eusses plu
qu' il eût plu
que ns eussions plu
que vs eussiez plu
qu' ils eussent plu

CONDITIONNEL

Présent	Passé 1re forme	Passé 2e forme
je plairais	j' aurais plu	j' eusse plu
tu plairais	tu aurais plu	tu eusses plu
il plairait	il aurait plu	il eût plu
ns plairions	ns aurions plu	ns eussions plu
vs plairiez	vs auriez plu	vs eussiez plu
ils plairaient	ils auraient plu	ils eussent plu

IMPÉRATIF

Présent			Passé		
plais	plaisons	plaisez	aie plu	ayons plu	ayez plu

INFINITIF

Présent	Passé
plaire	avoir plu

PARTICIPE

Présent	Passé	Passé composé
plaisant	plu	ayant plu

INDICATIF

Présent
je trais
tu trais
il trait
ns trayons
vs trayez
ils traient

Passé composé
j' ai trait
tu as trait
il a trait
ns avons trait
vs avez trait
ils ont trait

Imparfait
je trayais
tu trayais
il trayait
ns trayions
vs trayiez
ils trayaient

Plus-que-parfait
j' avais trait
tu avais trait
il avait trait
ns avions trait
vs aviez trait
ils avaient trait

Passé simple
inusité

Passé antérieur
j' eus trait
tu eus trait
il eut trait
ns eûmes trait
vs eûtes trait
ils eurent trait

Futur simple
je trairai
tu trairas
il traira
ns trairons
vs trairez
ils trairont

Futur antérieur
j' aurai trait
tu auras trait
il aura trait
ns aurons trait
vs aurez trait
ils auront trait

SUBJONCTIF

Présent
que je traie
que tu traies
qu' il traie
que ns trayions
que vs trayiez
qu' ils traient

Imparfait
inusité

Passé
que j' aie trait
que tu aies trait
qu' il ait trait
que ns ayons trait
que vs ayez trait
qu' ils aient trait

Plus-que-parfait
que j' eusse trait
que tu eusses trait
qu' il eût trait
que ns eussions trait
que vs eussiez trait
qu' ils eussent trait

CONDITIONNEL

Présent
je trairais
tu trairais
il trairait
ns trairions
vs trairiez
ils trairaient

Passé 1ʳᵉ forme
j' aurais trait
tu aurais trait
il aurait trait
ns aurions trait
vs auriez trait
ils auraient trait

Passé 2ᵉ forme
j' eusse trait
tu eusses trait
il eût trait
ns eussions trait
vs eussiez trait
ils eussent trait

IMPÉRATIF

Présent
trais   trayons   trayez

Passé
aie trait   ayons trait   ayez trait

INFINITIF

Présent
traire

Passé
avoir trait

PARTICIPE

Présent
trayant

Passé
trait, te

Passé composé
ayant trait

INDICATIF

Présent
je suis
tu suis
il suit
ns suivons
vs suivez
ils suivent

Passé composé
j' ai suivi
tu as suivi
il a suivi
ns avons suivi
vs avez suivi
ils ont suivi

Imparfait
je suivais
tu suivais
il suivait
ns suivions
vs suiviez
ils suivaient

Plus-que-parfait
j' avais suivi
tu avais suivi
il avait suivi
ns avions suivi
vs aviez suivi
ils avaient suivi

Passé simple
je suivis
tu suivis
il suivit
ns suivîmes
vs suivîtes
ils suivirent

Passé antérieur
j' eus suivi
tu eus suivi
il eut suivi
ns eûmes suivi
vs eûtes suivi
ils eurent suivi

Futur simple
je suivrai
tu suivras
il suivra
ns suivrons
vs suivrez
ils suivront

Futur antérieur
j' aurai suivi
tu auras suivi
il aura suivi
ns aurons suivi
vs aurez suivi
ils auront suivi

SUBJONCTIF

Présent
que je suive
que tu suives
qu' il suive
que ns suivions
que vs suiviez
qu' ils suivent

Imparfait
que je suivisse
que tu suivisses
qu' il suivît
que ns suivissions
que vs suivissiez
qu' ils suivissent

Passé
que j' aie suivi
que tu aies suivi
qu' il ait suivi
que ns ayons suivi
que vs ayez suivi
qu' ils aient suivi

Plus-que-parfait
que j' eusse suivi
que tu eusses suivi
qu' il eût suivi
que ns eussions suivi
que vs eussiez suivi
qu' ils eussent suivi

CONDITIONNEL

Présent
je suivrais
tu suivrais
il suivrait
ns suivrions
vs suivriez
ils suivraient

Passé 1ʳᵉ forme
j' aurais suivi
tu aurais suivi
il aurait suivi
ns aurions suivi
vs auriez suivi
ils auraient suivi

Passé 2ᵉ forme
j' eusse suivi
tu eusses suivi
il eût suivi
ns eussions suivi
vs eussiez suivi
ils eussent suivi

IMPÉRATIF

Présent
suis   suivons   suivez

Passé
aie suivi   ayons suivi   ayez suivi

INFINITIF

Présent
suivre

Passé
avoir suivi

PARTICIPE

Présent
suivant

Passé
suivi, e

Passé composé
ayant suivi

INDICATIF

Présent		Passé composé		
je	vis	j'	ai	vécu
tu	vis	tu	as	vécu
il	vit	il	a	vécu
ns	vivons	ns	avons	vécu
vs	vivez	vs	avez	vécu
ils	vivent	ils	ont	vécu

Imparfait		Plus-que-parfait		
je	vivais	j'	avais	vécu
tu	vivais	tu	avais	vécu
il	vivait	il	avait	vécu
ns	vivions	ns	avions	vécu
vs	viviez	vs	aviez	vécu
ils	vivaient	ils	avaient	vécu

Passé simple		Passé antérieur		
je	vécus	j'	eus	vécu
tu	vécus	tu	eus	vécu
il	vécut	il	eut	vécu
ns	vécûmes	ns	eûmes	vécu
vs	vécûtes	vs	eûtes	vécu
ils	vécurent	ils	eurent	vécu

Futur simple		Futur antérieur		
je	vivrai	j'	aurai	vécu
tu	vivras	tu	auras	vécu
il	vivra	il	aura	vécu
ns	vivrons	ns	aurons	vécu
vs	vivrez	vs	aurez	vécu
ils	vivront	ils	auront	vécu

SUBJONCTIF

Présent		
que je	vive	
que tu	vives	
qu' il	vive	
que ns	vivions	
que vs	viviez	
qu' ils	vivent	

Imparfait		
que je	vécusse	
que tu	vécusses	
qu' il	vécût	
que ns	vécussions	
que vs	vécussiez	
qu' ils	vécussent	

Passé		
que j'	aie	vécu
que tu	aies	vécu
qu' il	ait	vécu
que ns	ayons	vécu
que vs	ayez	vécu
qu' ils	aient	vécu

Plus-que-parfait		
que j'	eusse	vécu
que tu	eusses	vécu
qu' il	eût	vécu
que ns	eussions	vécu
que vs	eussiez	vécu
qu' ils	eussent	vécu

CONDITIONNEL

Présent		Passé 1re forme			Passé 2e forme		
je	vivrais	j'	aurais	vécu	j'	eusse	vécu
tu	vivrais	tu	aurais	vécu	tu	eusses	vécu
il	vivrait	il	aurait	vécu	il	eût	vécu
ns	vivrions	ns	aurions	vécu	ns	eussions	vécu
vs	vivriez	vs	auriez	vécu	vs	eussiez	vécu
ils	vivraient	ils	auraient	vécu	ils	eussent	vécu

IMPÉRATIF

Présent			Passé		
vis	vivons	vivez	aie vécu	ayons vécu	ayez vécu

INFINITIF

Présent	Passé
vivre	avoir vécu

PARTICIPE

Présent	Passé	Passé composé
vivant	vécu, e	ayant vécu

SUFFIRE

INDICATIF

Présent
je	suffis
tu	suffis
il	suffit
ns	suffisons
vs	suffisez
ils	suffisent

Passé composé
j'	ai	suffi
tu	as	suffi
il	a	suffi
ns	avons	suffi
vs	avez	suffi
ils	ont	suffi

Imparfait
je	suffisais
tu	suffisais
il	suffisait
ns	suffisions
vs	suffisiez
ils	suffisaient

Plus-que-parfait
j'	avais	suffi
tu	avais	suffi
il	avait	suffi
ns	avions	suffi
vs	aviez	suffi
ils	avaient	suffi

Passé simple
je	suffis
tu	suffis
il	suffit
ns	suffîmes
vs	suffîtes
ils	suffirent

Passé antérieur
j'	eus	suffi
tu	eus	suffi
il	eut	suffi
ns	eûmes	suffi
vs	eûtes	suffi
ils	eurent	suffi

Futur simple
je	suffirai
tu	suffiras
il	suffira
ns	suffirons
vs	suffirez
ils	suffiront

Futur antérieur
j'	aurai	suffi
tu	auras	suffi
il	aura	suffi
ns	aurons	suffi
vs	aurez	suffi
ils	auront	suffi

SUBJONCTIF

Présent
que	je	suffise
que	tu	suffises
qu'	il	suffise
que	ns	suffisions
que	vs	suffisiez
qu'	ils	suffisent

Imparfait
que	je	suffisse
que	tu	suffisses
qu'	il	suffît
que	ns	suffissions
que	vs	suffissiez
qu'	ils	suffissent

Passé
que	j'	aie	suffi
que	tu	aies	suffi
qu'	il	ait	suffi
que	ns	ayons	suffi
que	vs	ayez	suffi
qu'	ils	aient	suffi

Plus-que-parfait
que	j'	eusse	suffi
que	tu	eusses	suffi
qu'	il	eût	suffi
que	ns	eussions	suffi
que	vs	eussiez	suffi
qu'	ils	eussent	suffi

CONDITIONNEL

Présent
je	suffirais
tu	suffirais
il	suffirait
ns	suffirions
vs	suffiriez
ils	suffiraient

Passé 1re forme
j'	aurais	suffi
tu	aurais	suffi
il	aurait	suffi
ns	aurions	suffi
vs	auriez	suffi
ils	auraient	suffi

Passé 2e forme
j'	eusse	suffi
tu	eusses	suffi
il	eût	suffi
ns	eussions	suffi
vs	eussiez	suffi
ils	eussent	suffi

IMPÉRATIF

Présent
suffis   suffisons   suffisez

Passé
aie suffi   ayons suffi   ayez suffi

INFINITIF

Présent
suffire

Passé
avoir suffi

PARTICIPE

Présent	Passé	Passé composé
suffisant	suffi	ayant suffi

73 DIRE

3ᵉ groupe

INDICATIF

Présent
je dis
tu dis
il dit
ns disons
vs **dites**
ils disent

Passé composé
j' ai dit
tu as dit
il a dit
ns avons dit
vs avez dit
ils ont dit

Imparfait
je disais
tu disais
il disait
ns disions
vs disiez
ils disaient

Plus-que-parfait
j' avais dit
tu avais dit
il avait dit
ns avions dit
vs aviez dit
ils avaient dit

Passé simple
je dis
tu dis
il dit
ns dîmes
vs dîtes
ils dirent

Passé antérieur
j' eus dit
tu eus dit
il eut dit
ns eûmes dit
vs eûtes dit
ils eurent dit

Futur simple
je dirai
tu diras
il dira
ns dirons
vs direz
ils diront

Futur antérieur
j' aurai dit
tu auras dit
il aura dit
ns aurons dit
vs aurez dit
ils auront dit

SUBJONCTIF

Présent
que je dise
que tu dises
qu' il dise
que ns disions
que vs disiez
qu' ils disent

Imparfait
que je disse
que tu disses
qu' il dît
que ns dissions
que vs dissiez
qu' ils dissent

Passé
que j' aie dit
que tu aies dit
qu' il ait dit
que ns ayons dit
que vs ayez dit
qu' ils aient dit

Plus-que-parfait
que j' eusse dit
que tu eusses dit
qu' il eût dit
que ns eussions dit
que vs eussiez dit
qu' ils eussent dit

CONDITIONNEL

Présent
je dirais
tu dirais
il dirait
ns dirions
vs diriez
ils diraient

Passé 1ʳᵉ forme
j' aurais dit
tu aurais dit
il aurait dit
ns aurions dit
vs auriez dit
ils auraient dit

Passé 2ᵉ forme
j' eusse dit
tu eusses dit
il eût dit
ns eussions dit
vs eussiez dit
ils eussent dit

IMPÉRATIF

Présent
dis disons **dites**

Passé
aie dit ayons dit ayez dit

INFINITIF

Présent
dire

Passé
avoir dit

PARTICIPE

Présent
disant

Passé
dit, te

Passé composé
ayant dit

INDICATIF

Présent
je	maudis
tu	maudis
il	maudit
ns	maudissons
vs	maudissez
ils	maudissent

Passé composé
j'	ai	maudit
tu	as	maudit
il	a	maudit
ns	avons	maudit
vs	avez	maudit
ils	ont	maudit

Imparfait
je	maudissais
tu	maudissais
il	maudissait
ns	maudissions
vs	maudissiez
ils	maudissaient

Plus-que-parfait
j'	avais	maudit
tu	avais	maudit
il	avait	maudit
ns	avions	maudit
vs	aviez	maudit
ils	avaient	maudit

Passé simple
je	maudis
tu	maudis
il	maudit
ns	maudîmes
vs	maudîtes
ils	maudirent

Passé antérieur
j'	eus	maudit
tu	eus	maudit
il	eut	maudit
ns	eûmes	maudit
vs	eûtes	maudit
ils	eurent	maudit

Futur simple
je	maudirai
tu	maudiras
il	maudira
ns	maudirons
vs	maudirez
ils	maudiront

Futur antérieur
j'	aurai	maudit
tu	auras	maudit
il	aura	maudit
ns	aurons	maudit
vs	aurez	maudit
ils	auront	maudit

SUBJONCTIF

Présent
que	je	maudisse
que	tu	maudisses
qu'	il	maudisse
que	ns	maudissions
que	vs	maudissiez
qu'	ils	maudissent

Imparfait
que	je	maudisse
que	tu	maudisses
qu'	il	maudît
que	ns	maudissions
que	vs	maudissiez
qu'	ils	maudissent

Passé
que	j'	aie	maudit
que	tu	aies	maudit
qu'	il	ait	maudit
que	ns	ayons	maudit
que	vs	ayez	maudit
qu'	ils	aient	maudit

Plus-que-parfait
que	j'	eusse	maudit
que	tu	eusses	maudit
qu'	il	eût	maudit
que	ns	eussions	maudit
que	vs	eussiez	maudit
qu'	ils	eussent	maudit

CONDITIONNEL

Présent
je	maudirais
tu	maudirais
il	maudirait
ns	maudirions
vs	maudiriez
ils	maudiraient

Passé 1re forme
j'	aurais	maudit
tu	aurais	maudit
il	aurait	maudit
ns	aurions	maudit
vs	auriez	maudit
ils	auraient	maudit

Passé 2e forme
j'	eusse	maudit
tu	eusses	maudit
il	eût	maudit
ns	eussions	maudit
vs	eussiez	maudit
ils	eussent	maudit

IMPÉRATIF

Présent
maudis — maudissons — maudissez

Passé
aie maudit — ayons maudit — ayez maudit

INFINITIF

Présent	Passé
maudire	avoir maudit

PARTICIPE

Présent	Passé	Passé composé
maudissant	maudit, te	ayant maudit

INDICATIF

Présent
je	lis
tu	lis
il	lit
ns	lisons
vs	lisez
ils	lisent

Passé composé
j'	ai	lu
tu	as	lu
il	a	lu
ns	avons	lu
vs	avez	lu
ils	ont	lu

Imparfait
je	lisais
tu	lisais
il	lisait
ns	lisions
vs	lisiez
ils	lisaient

Plus-que-parfait
j'	avais	lu
tu	avais	lu
il	avait	lu
ns	avions	lu
vs	aviez	lu
ils	avaient	lu

Passé simple
je	lus
tu	lus
il	lut
ns	lûmes
vs	lûtes
ils	lurent

Passé antérieur
j'	eus	lu
tu	eus	lu
il	eut	lu
ns	eûmes	lu
vs	eûtes	lu
ils	eurent	lu

Futur simple
je	lirai
tu	liras
il	lira
ns	lirons
vs	lirez
ils	liront

Futur antérieur
j'	aurai	lu
tu	auras	lu
il	aura	lu
ns	aurons	lu
vs	aurez	lu
ils	auront	lu

SUBJONCTIF

Présent
que	je	lise
que	tu	lises
qu'	il	lise
que	ns	lisions
que	vs	lisiez
qu'	ils	lisent

Imparfait
que	je	lusse
que	tu	lusses
qu'	il	lût
que	ns	lussions
que	vs	lussiez
qu'	ils	lussent

Passé
que	j'	aie	lu
que	tu	aies	lu
qu'	il	ait	lu
que	ns	ayons	lu
que	vs	ayez	lu
qu'	ils	aient	lu

Plus-que-parfait
que	j'	eusse	lu
que	tu	eusses	lu
qu'	il	eût	lu
que	ns	eussions	lu
que	vs	eussiez	lu
qu'	ils	eussent	lu

CONDITIONNEL

Présent
je	lirais
tu	lirais
il	lirait
ns	lirions
vs	liriez
ils	liraient

Passé 1re forme
j'	aurais	lu
tu	aurais	lu
il	aurait	lu
ns	aurions	lu
vs	auriez	lu
ils	auraient	lu

Passé 2e forme
j'	eusse	lu
tu	eusses	lu
il	eût	lu
ns	eussions	lu
vs	eussiez	lu
ils	eussent	lu

IMPÉRATIF

Présent
lis	lisons	lisez

Passé
aie lu	ayons lu	ayez lu

INFINITIF

Présent	Passé
lire	avoir lu

PARTICIPE

Présent	Passé	Passé composé
lisant	lu, e	ayant lu

ÉCRIRE

INDICATIF

Présent
j' écris
tu écris
il écrit
ns écrivons
vs écrivez
ils écrivent

Passé composé
j' ai écrit
tu as écrit
il a écrit
ns avons écrit
vs avez écrit
ils ont écrit

Imparfait
j' écrivais
tu écrivais
il écrivait
ns écrivions
vs écriviez
ils écrivaient

Plus-que-parfait
j' avais écrit
tu avais écrit
il avait écrit
ns avions écrit
vs aviez écrit
ils avaient écrit

Passé simple
j' écrivis
tu écrivis
il écrivit
ns écrivîmes
vs écrivîtes
ils écrivirent

Passé antérieur
j' eus écrit
tu eus écrit
il eut écrit
ns eûmes écrit
vs eûtes écrit
ils eurent écrit

Futur simple
j' écrirai
tu écriras
il écrira
ns écrirons
vs écrirez
ils écriront

Futur antérieur
j' aurai écrit
tu auras écrit
il aura écrit
ns aurons écrit
vs aurez écrit
ils auront écrit

SUBJONCTIF

Présent
que j' écrive
que tu écrives
qu' il écrive
que ns écrivions
que vs écriviez
qu' ils écrivent

Imparfait
que j' écrivisse
que tu écrivisses
qu' il écrivît
que ns écrivissions
que vs écrivissiez
qu' ils écrivissent

Passé
que j' aie écrit
que tu aies écrit
qu' il ait écrit
que ns ayons écrit
que vs ayez écrit
qu' ils aient écrit

Plus-que-parfait
que j' eusse écrit
que tu eusses écrit
qu' il eût écrit
que ns eussions écrit
que vs eussiez écrit
qu' ils eussent écrit

CONDITIONNEL

Présent
j' écrirais
tu écrirais
il écrirait
ns écririons
vs écririez
ils écriraient

Passé 1ʳᵉ forme
j' aurais écrit
tu aurais écrit
il aurait écrit
ns aurions écrit
vs auriez écrit
ils auraient écrit

Passé 2ᵉ forme
j' eusse écrit
tu eusses écrit
il eût écrit
ns eussions écrit
vs eussiez écrit
ils eussent écrit

IMPÉRATIF

Présent
écris écrivons écrivez

Passé
aie écrit ayons écrit ayez écrit

INFINITIF

Présent
écrire

Passé
avoir écrit

PARTICIPE

Présent
écrivant

Passé
écrit, te

Passé composé
ayant écrit

RIRE

INDICATIF

Présent	Passé composé	
je ris	j' ai	ri
tu ris	tu as	ri
il rit	il a	ri
ns rions	ns avons	ri
vs riez	vs avez	ri
ils rient	ils ont	ri

Imparfait	Plus-que-parfait	
je riais	j' avais	ri
tu riais	tu avais	ri
il riait	il avait	ri
ns riions	ns avions	ri
vs riiez	vs aviez	ri
ils riaient	ils avaient	ri

Passé simple	Passé antérieur	
je ris	j' eus	ri
tu ris	tu eus	ri
il rit	il eut	ri
ns rîmes	ns eûmes	ri
vs rîtes	vs eûtes	ri
ils rirent	ils eurent	ri

Futur simple	Futur antérieur	
je rirai	j' aurai	ri
tu riras	tu auras	ri
il rira	il aura	ri
ns rirons	ns aurons	ri
vs rirez	vs aurez	ri
ils riront	ils auront	ri

SUBJONCTIF

Présent
que je rie
que tu ries
qu' il rie
que ns riions
que vs riiez
qu' ils rient

Imparfait
que je risse
que tu risses
qu' il rît
que ns rissions
que vs rissiez
qu' ils rissent

Passé	
que j' aie	ri
que tu aies	ri
qu' il ait	ri
que ns ayons	ri
que vs ayez	ri
qu' ils aient	ri

Plus-que-parfait	
que j' eusse	ri
que tu eusses	ri
qu' il eût	ri
que ns eussions	ri
que vs eussiez	ri
qu' ils eussent	ri

CONDITIONNEL

Présent	Passé 1re forme		Passé 2e forme	
je rirais	j' aurais	ri	j' eusse	ri
tu rirais	tu aurais	ri	tu eusses	ri
il rirait	il aurait	ri	il eût	ri
ns ririons	ns aurions	ri	ns eussions	ri
vs ririez	vs auriez	ri	vs eussiez	ri
ils riraient	ils auraient	ri	ils eussent	ri

IMPÉRATIF

Présent			Passé		
ris	rions	riez	aie ri	ayons ri	ayez ri

INFINITIF

Présent	Passé
rire	avoir ri

PARTICIPE

Présent	Passé	Passé composé
riant	ri	ayant ri

INDICATIF

Présent
je	conduis
tu	conduis
il	conduit
ns	conduisons
vs	conduisez
ils	conduisent

Passé composé
j'	ai	conduit
tu	as	conduit
il	a	conduit
ns	avons	conduit
vs	avez	conduit
ils	ont	conduit

Imparfait
je	conduisais
tu	conduisais
il	conduisait
ns	conduisions
vs	conduisiez
ils	conduisaient

Plus-que-parfait
j'	avais	conduit
tu	avais	conduit
il	avait	conduit
ns	avions	conduit
vs	aviez	conduit
ils	avaient	conduit

Passé simple
je	conduisis
tu	conduisis
il	conduisit
ns	conduisîmes
vs	conduisîtes
ils	conduisirent

Passé antérieur
j'	eus	conduit
tu	eus	conduit
il	eut	conduit
ns	eûmes	conduit
vs	eûtes	conduit
ils	eurent	conduit

Futur simple
je	conduirai
tu	conduiras
il	conduira
ns	conduirons
vs	conduirez
ils	conduiront

Futur antérieur
j'	aurai	conduit
tu	auras	conduit
il	aura	conduit
ns	aurons	conduit
vs	aurez	conduit
ils	auront	conduit

SUBJONCTIF

Présent
que je	conduise
que tu	conduises
qu' il	conduise
que ns	conduisions
que vs	conduisiez
qu' ils	conduisent

Imparfait
que je	conduisisse
que tu	conduisisses
qu' il	conduisît
que ns	conduisissions
que vs	conduisissiez
qu' ils	conduisissent

Passé
que j'	aie	conduit
que tu	aies	conduit
qu' il	ait	conduit
que ns	ayons	conduit
que vs	ayez	conduit
qu' ils	aient	conduit

Plus-que-parfait
que j'	eusse	conduit
que tu	eusses	conduit
qu' il	eût	conduit
que ns	eussions	conduit
que vs	eussiez	conduit
qu' ils	eussent	conduit

CONDITIONNEL

Présent
je	conduirais
tu	conduirais
il	conduirait
ns	conduirions
vs	conduiriez
ils	conduiraient

Passé 1re forme
j'	aurais	conduit
tu	aurais	conduit
il	aurait	conduit
ns	aurions	conduit
vs	auriez	conduit
ils	auraient	conduit

Passé 2e forme
j'	eusse	conduit
tu	eusses	conduit
il	eût	conduit
ns	eussions	conduit
vs	eussiez	conduit
ils	eussent	conduit

IMPÉRATIF

Présent
conduis   conduisons   conduisez

Passé
aie conduit   ayons conduit   ayez conduit

INFINITIF

Présent	Passé
conduire	avoir conduit

PARTICIPE

Présent	Passé	Passé composé
conduisant	conduit, te	ayant conduit

INDICATIF

Présent	Passé composé	
je bois	j' ai	bu
tu bois	tu as	bu
il boit	il a	bu
ns buvons	ns avons	bu
vs buvez	vs avez	bu
ils boivent	ils ont	bu

Imparfait	Plus-que-parfait	
je buvais	j' avais	bu
tu buvais	tu avais	bu
il buvait	il avait	bu
ns buvions	ns avions	bu
vs buviez	vs aviez	bu
ils buvaient	ils avaient	bu

Passé simple	Passé antérieur	
je bus	j' eus	bu
tu bus	tu eus	bu
il but	il eut	bu
ns bûmes	ns eûmes	bu
vs bûtes	vs eûtes	bu
ils burent	ils eurent	bu

Futur simple	Futur antérieur	
je boirai	j' aurai	bu
tu boiras	tu auras	bu
il boira	il aura	bu
ns boirons	ns aurons	bu
vs boirez	vs aurez	bu
ils boiront	ils auront	bu

SUBJONCTIF

Présent	
que je boive	
que tu boives	
qu' il boive	
que ns buvions	
que vs buviez	
qu' ils boivent	

Imparfait	
que je busse	
que tu busses	
qu' il bût	
que ns bussions	
que vs bussiez	
qu' ils bussent	

Passé		
que j' aie	bu
que tu aies	bu
qu' il ait	bu
que ns ayons	bu
que vs ayez	bu
qu' ils aient	bu

Plus-que-parfait		
que j' eusse	bu
que tu eusses	bu
qu' il eût	bu
que ns eussions	bu
que vs eussiez	bu
qu' ils eussent	bu

CONDITIONNEL

Présent	Passé 1ʳᵉ forme		Passé 2ᵉ forme	
je boirais	j' aurais	bu	j' eusse	bu
tu boirais	tu aurais	bu	tu eusses	bu
il boirait	il aurait	bu	il eût	bu
ns boirions	ns aurions	bu	ns eussions	bu
vs boiriez	vs auriez	bu	vs eussiez	bu
ils boiraient	ils auraient	bu	ils eussent	bu

IMPÉRATIF

Présent			Passé		
bois	buvons	buvez	aie bu	ayons bu	ayez bu

INFINITIF

Présent	Passé
boire	avoir bu

PARTICIPE

Présent	Passé	Passé composé
buvant	bu, e	ayant bu

INDICATIF

Présent		**Passé composé**		
je	conclus	j'	ai	conclu
tu	conclus	tu	as	conclu
il	conclut	il	a	conclu
ns	concluons	ns	avons	conclu
vs	concluez	vs	avez	conclu
ils	concluent	ils	ont	conclu

Imparfait		**Plus-que-parfait**		
je	concluais	j'	avais	conclu
tu	concluais	tu	avais	conclu
il	concluait	il	avait	conclu
ns	concluions	ns	avions	conclu
vs	concluiez	vs	aviez	conclu
ils	concluaient	ils	avaient	conclu

Passé simple		**Passé antérieur**		
je	conclus	j'	eus	conclu
tu	conclus	tu	eus	conclu
il	conclut	il	eut	conclu
ns	conclûmes	ns	eûmes	conclu
vs	conclûtes	vs	eûtes	conclu
ils	conclurent	ils	eurent	conclu

Futur simple		**Futur antérieur**		
je	conclurai	j'	aurai	conclu
tu	concluras	tu	auras	conclu
il	conclura	il	aura	conclu
ns	conclurons	ns	aurons	conclu
vs	conclurez	vs	aurez	conclu
ils	concluront	ils	auront	conclu

SUBJONCTIF

Présent			**Imparfait**	
que je	conclue		que je	conclusse
que tu	conclues		que tu	conclusses
qu' il	conclue		qu' il	conclût
que ns	concluions		que ns	conclussions
que vs	concluiez		que vs	conclussiez
qu' ils	concluent		qu' ils	conclussent

Passé		
que j'	aie	conclu
que tu	aies	conclu
qu' il	ait	conclu
que ns	ayons	conclu
que vs	ayez	conclu
qu' ils	aient	conclu

Plus-que-parfait		
que j'	eusse	conclu
que tu	eusses	conclu
qu' il	eût	conclu
que ns	eussions	conclu
que vs	eussiez	conclu
qu' ils	eussent	conclu

CONDITIONNEL

Présent		**Passé 1re forme**			**Passé 2e forme**		
je	conclurais	j'	aurais	conclu	j'	eusse	conclu
tu	conclurais	tu	aurais	conclu	tu	eusses	conclu
il	conclurait	il	aurait	conclu	il	eût	conclu
ns	conclurions	ns	aurions	conclu	ns	eussions	conclu
vs	concluriez	vs	auriez	conclu	vs	eussiez	conclu
ils	concluraient	ils	auraient	conclu	ils	eussent	conclu

IMPÉRATIF

Présent			**Passé**		
conclus	concluons	concluez	aie conclu	ayons conclu	ayez conclu

INFINITIF

Présent	**Passé**
conclure	avoir conclu

PARTICIPE

Présent	**Passé**	**Passé composé**
concluant	conclu, e	ayant conclu

INDICATIF

Présent	Passé composé		SUBJONCTIF

Présent
je clos
tu clos
il clôt
inusité
inusité
ils closent

Passé composé
j' ai clos
tu as clos
il a clos
ns avons clos
vs avez clos
ils ont clos

SUBJONCTIF

Présent
que je close
que tu closes
qu' il close
que ns closions
que vs closiez
qu' ils closent

Imparfait
inusité

Plus-que-parfait
j' avais clos
tu avais clos
il avait clos
ns avions clos
vs aviez clos
ils avaient clos

Imparfait
inusité

Passé simple
inusité

Passé antérieur
j' eus clos
tu eus clos
il eut clos
ns eûmes clos
vs eûtes clos
ils eurent clos

Passé
que j' aie clos
que tu aies clos
qu' il ait clos
que ns ayons clos
que vs ayez clos
qu' ils aient clos

Futur simple
je clorai
tu cloras
il clora
ns clorons
vs clorez
ils cloront

Futur antérieur
j' aurai clos
tu auras clos
il aura clos
ns aurons clos
vs aurez clos
ils auront clos

Plus-que-parfait
que j' eusse clos
que tu eusses clos
qu' il eût clos
que ns eussions clos
que vs eussiez clos
qu' ils eussent clos

CONDITIONNEL

Présent
je clorais
tu clorais
il clorait
ns clorions
vs cloriez
ils cloraient

Passé 1re forme
j' aurais clos
tu aurais clos
il aurait clos
ns aurions clos
vs auriez clos
ils auraient clos

Passé 2e forme
j' eusse clos
tu eusses clos
il eût clos
ns eussions clos
vs eussiez clos
ils eussent clos

IMPÉRATIF

Présent
clos   *inusité*

Passé
aie clos   ayons clos   ayez clos

INFINITIF

Présent	Passé
clore	avoir clos

PARTICIPE

Présent	Passé	Passé composé
closant	clos, se	ayant clos

INDICATIF

Présent		Passé composé		
je	fais	j'	ai	fait
tu	fais	tu	as	fait
il	fait	il	a	fait
ns	faisons	ns	avons	fait
vs	**faites**	vs	avez	fait
ils	font	ils	ont	fait

Imparfait		Plus-que-parfait		
je	faisais	j'	avais	fait
tu	faisais	tu	avais	fait
il	faisait	il	avait	fait
ns	faisions	ns	avions	fait
vs	faisiez	vs	aviez	fait
ils	faisaient	ils	avaient	fait

Passé simple		Passé antérieur		
je	fis	j'	eus	fait
tu	fis	tu	eus	fait
il	fit	il	eut	fait
ns	fîmes	ns	eûmes	fait
vs	fîtes	vs	eûtes	fait
ils	firent	ils	eurent	fait

Futur simple		Futur antérieur		
je	ferai	j'	aurai	fait
tu	feras	tu	auras	fait
il	fera	il	aura	fait
ns	ferons	ns	aurons	fait
vs	ferez	vs	aurez	fait
ils	feront	ils	auront	fait

SUBJONCTIF

Présent		
que je	fasse	
que tu	fasses	
qu' il	fasse	
que ns	fassions	
que vs	fassiez	
qu' ils	fassent	

Imparfait		
que je	fisse	
que tu	fisses	
qu' il	fît	
que ns	fissions	
que vs	fissiez	
qu' ils	fissent	

Passé		
que j'	aie	fait
que tu	aies	fait
qu' il	ait	fait
que ns	ayons	fait
que vs	ayez	fait
qu' ils	aient	fait

Plus-que-parfait		
que j'	eusse	fait
que tu	eusses	fait
qu' il	eût	fait
que ns	eussions	fait
que vs	eussiez	fait
qu' ils	eussent	fait

CONDITIONNEL

Présent		Passé 1ʳᵉ forme			Passé 2ᵉ forme		
je	ferais	j'	aurais	fait	j'	eusse	fait
tu	ferais	tu	aurais	fait	tu	eusses	fait
il	ferait	il	aurait	fait	il	eût	fait
ns	ferions	ns	aurions	fait	ns	eussions	fait
vs	feriez	vs	auriez	fait	vs	eussiez	fait
ils	feraient	ils	auraient	fait	ils	eussent	fait

IMPÉRATIF

Présent			Passé		
fais	faisons	**faites**	aie fait	ayons fait	ayez fait

INFINITIF

Présent	Passé
faire	avoir fait

PARTICIPE

Présent	Passé	Passé composé
faisant	fait, te	ayant fait

ALLER

INDICATIF

Présent	Passé composé
je vais	je suis allé
tu vas	tu es allé
il va	il est allé
ns allons	ns sommes allés
vs allez	vs êtes allés
ils vont	ils sont allés

Imparfait	Plus-que-parfait
j' allais	j' étais allé
tu allais	tu étais allé
il allait	il était allé
ns allions	ns étions allés
vs alliez	vs étiez allés
ils allaient	ils étaient allés

Passé simple	Passé antérieur
j' allai	je fus allé
tu allas	tu fus allé
il alla	il fut allé
ns allâmes	ns fûmes allés
vs allâtes	vs fûtes allés
ils allèrent	ils furent allés

Futur simple	Futur antérieur
j' irai	je serai allé
tu iras	tu seras allé
il ira	il sera allé
ns irons	ns serons allés
vs irez	vs serez allés
ils iront	ils seront allés

SUBJONCTIF

Présent
que j' aille
que tu ailles
qu' il aille
que ns allions
que vs alliez
qu' ils aillent

Imparfait
que j' allasse
que tu allasses
qu' il allât
que ns allassions
que vs allassiez
qu' ils allassent

Passé	
que je sois allé
que tu sois allé
qu' il soit allé
que ns soyons allés
que vs soyez allés
qu' ils soient allés

Plus-que-parfait	
que je fusse allé
que tu fusses allé
qu' il fût allé
que ns fussions allés
que vs fussiez allés
qu' ils fussent allés

CONDITIONNEL

Présent	Passé 1re forme	Passé 2e forme
j' irais	je serais allé	je fusse allé
tu irais	tu serais allé	tu fusses allé
il irait	il serait allé	il fût allé
ns irions	ns serions allés	ns fussions allés
vs iriez	vs seriez allés	vs fussiez allés
ils iraient	ils seraient allés	ils fussent allés

IMPÉRATIF

Présent			Passé		
va	allons	allez	sois allé	soyons allés	soyez allés

INFINITIF

Présent	Passé
aller	être allé

PARTICIPE

Présent	Passé	Passé composé
allant	allé, e	étant allé

INDEX DES VERBES

Les nombres indiqués ici en couleur correspondent aux numéros des tableaux de conjugaison types. Les verbes en gras sont les verbes modèles.

INDEX DES VERBES

INDEX DES VERBES

INDEX DES VERBES

INDEX DES VERBES

INDEX DES VERBES

INDEX DES VERBES

INDEX DES VERBES

INDEX DES VERBES

INDEX DES VERBES

INDEX DES VERBES

INDEX DES VERBES

INDEX DES VERBES

INDEX DES VERBES

INDEX DES VERBES

INDEX DES VERBES

INDEX DES VERBES

INDEX DES VERBES

INDEX DES VERBES

INDEX DES VERBES

INDEX DES VERBES

INDEX DES VERBES

INDEX DES VERBES

INDEX DES VERBES

INDEX DES VERBES

INDEX DES VERBES

INDEX DES VERBES

INDEX DES VERBES

INDEX DES VERBES

INDEX DES VERBES

INDEX DES VERBES

INDEX DES VERBES

INDEX DES VERBES

INDEX DES VERBES

INDEX DES VERBES

INDEX DES VERBES

INDEX DES VERBES

INDEX DES VERBES

INDEX DES VERBES

INDEX DES VERBES

INDEX DES VERBES

INDEX DES VERBES

INDEX DES VERBES

INDEX DES VERBES

INDEX DES VERBES

INDEX DES VERBES

INDEX DES VERBES

INDEX DES VERBES

153

INDEX DES VERBES

154

INDEX DES VERBES

INDEX DES VERBES

INDEX DES VERBES

INDEX DES VERBES

INDEX DES VERBES

INDEX DES VERBES

Achevé d'imprimer en Roumanie par G.CANALE & C S.A.
Dépôt légal: Décembre 2011 Edition: 01
16/0864/5